高校"匠心鲁班"育人实践体系研究

张 玉 著

吉林大学出版社

·长春·

图书在版编目（CIP）数据

高校"匠心鲁班"育人实践体系研究/张玉著．—
长春：吉林大学出版社，2021.11
　　ISBN 978-7-5692-9660-0

Ⅰ.①高… Ⅱ.①张… Ⅲ.高等职业教育–教育研
究–中国 Ⅳ.①G718.5

中国版本图书馆CIP数据核字（2021）第242460号

书　　名	高校"匠心鲁班"育人实践体系研究
	GAOXIAO "JIANGXIN LU BAN" YUREN SHIJIAN TIXI YANJIU
作　　者	张　玉 著
策划编辑	曲天真
责任编辑	曲天真
责任校对	张宏亮
装帧设计	鹿影文化
出版发行	吉林大学出版社
社　　址	长春市人民大街4059号
邮政编码	130021
发行电话	0431-89580028/29/21
网　　址	http://www.jlup.com.cn
电子邮箱	jldxcbs@sina.com
印　　刷	辽宁一诺广告印务有限公司
开　　本	787mm×1092mm　1/16
印　　张	9.5
字　　数	150千字
版　　次	2022年5月　第1版
印　　次	2022年5月　第1次
书　　号	ISBN 978-7-5692-9660-0
定　　价	36.00元

版权所有　翻印必究

前　言

鲁班文化是中华优秀传统文化的重要组成部分,是中华传统职业道德的集中体现,千百年来,一代又一代工匠,在鲁班祖师的感召下,践行着中华传统的工匠精神,奉献了许多巧夺天工的手工艺品和美轮美奂的建筑。时至今日,鲁班文化依然是我国工匠精神传承、职业道德修养的重要内容。

随着我国经济高质量发展的推进,对于人才质量的要求不断提升。社会呼唤具有匠心、匠气、匠技的新时代大国工匠的诞生,为我国制造业、工程业、服务业的发展做贡献,成为国家发展的栋梁之才。在这个背景下,培养具有匠心、匠气、匠技的新时代鲁班即"匠心鲁班"成为高职院校培养的重要目标。基于此,笔者申报研究课题,围绕培养"匠心鲁班",开展了一系列的研究,并将研究成果著述成书,与同仁分享。

笔者的研究从研究鲁班文化入手,全面考量鲁班文化的育人作用,全面研究培养"匠心鲁班"的内容、方法、路径。具体内容如下：第一章是鲁班文化的探索,包括鲁班文化的内涵、价值、功能,以及鲁班崇拜的相关内容；第二章是高校"匠心鲁班"育人的提出,包括高校"匠心鲁班"育人的理论基础、基本内涵、基本特征、基本问题、问题归因等内容；第三章是高校"匠心鲁班"育人的审视,包括高校"匠心鲁班"育人的问题、意义、功能、不足等内容；第四章是高校"匠心鲁班"育人的内容创新,包括理想信念教育、爱国主义教育、社会主义核心价值观教育、道德教育等内容；第五章是高校"匠心鲁班"育人的师资建设,包括高校"匠心鲁班"育人的德育教师培养、专业教师培养、辅导员培养等内容；第六章是高校"匠心鲁班"育人的实施建议,包括高校"匠心鲁班"育人的课程实施建议、实践实施建议、校园文化实施建议、网络文化实施建议、社团文化实施建议、就业教育实施建议等内容。

  在研究过程中,参考专家学者的研究成果,由于篇幅有限,不能一一致谢,在此一并感谢!由于作者水平有限,不足和疏漏之处在所难免,希望广大读者和同仁不吝赐教,批评指正!

作 者

2021-9-15

目 录

第1章 鲁班文化的探索　/001

1.1 鲁班文化的内涵　/001
1.1.1 鲁班文化的沿革　/001
1.1.2 鲁班的文艺作品　/005
1.1.3 鲁班的创造发明　/009
1.1.4 鲁班的精神元素　/010

1.2 鲁班文化的价值　/013
1.2.1 鲁班文化的社会价值　/013
1.2.2 鲁班文化的经济价值　/014
1.2.3 鲁班文化的文化价值　/014
1.2.4 鲁班文化的行业价值　/015
1.2.5 鲁班文化的教育价值　/015
1.2.6 鲁班文化的成长价值　/016

1.3 鲁班文化的功能　/016
1.3.1 鲁班文化的导向功能　/017
1.3.2 鲁班文化的激励功能　/017
1.3.3 鲁班文化的启迪功能　/018
1.3.4 鲁班文化的熏陶功能　/018
1.3.5 鲁班文化的调节功能　/019
1.3.6 鲁班文化的传承功能　/019

1.4 鲁班文化的信仰　/020
1.4.1 鲁班信仰的内容　/020
1.4.2 鲁班信仰的产生　/021
1.4.3 鲁班信仰的传播　/027
1.4.4 鲁班信仰的价值　/030

1.4.5 鲁班信仰的功能 /033

第2章 高校"匠心鲁班"育人的提出 /036

2.1 高校"匠心鲁班"育人的理论基础 /036
2.1.1 以人为本理念 /036
2.1.2 全面发展理念 /037
2.1.3 "三全育人"理念 /037
2.1.4 主体性理念 /039
2.1.5 创造性理念 /040

2.2 高校"匠心鲁班"育人的基本内涵 /040
2.2.1 高校"匠心鲁班"育人的含义 /041
2.2.2 高校"匠心鲁班"育人的内容 /041

2.3 高校"匠心鲁班"育人的基本特征 /043
2.3.1 主体多样性 /043
2.3.2 内容丰富性 /044
2.3.3 渠道多元性 /045
2.3.4 影响广泛性 /045
2.3.5 影响持久性 /046
2.3.6 与时俱进性 /046

2.4 高校学生职业素养存在的问题 /046
2.4.1 鲁班工匠精神认知模糊 /047
2.4.2 职业选择功利色彩浓厚 /048
2.4.3 高校学生职业道德要求较低 /049
2.4.4 高校学生职业责任感缺失 /050
2.4.5 高校学生学习态度消极 /051

2.5 高校学生职业素养问题归因 /052
2.5.1 课程体系设置不合理 /053
2.5.2 师资匠心精神不够 /054
2.5.3 职业发展定位不准 /054
2.5.4 鲁班工匠文化氛围不浓 /055

第3章 高校"匠心鲁班"育人的审视 /057

3.1 高校"匠心鲁班"育人面临的问题 /057
3.1.1 职业态度问题 /057
3.1.2 职业道德问题 /059
3.1.3 职业能力问题 /060
3.1.4 职业理想现状 /061

3.2 高校"匠心鲁班"育人的意义 /063
3.2.1 实现中国梦的需要 /063
3.2.2 实现"中国制造2025"的需要 /064
3.2.3 培育社会主义核心价值观的需要 /065
3.2.4 增强文化自信的需要 /066
3.2.5 提升职业教育的需要 /067
3.2.6 提升学生职业能力的需要 /069

3.3 高校"匠心鲁班"育人的功能 /069
3.3.1 进一步加强职业道德的认知 /070
3.3.2 进一步加强职业情感的培养 /072
3.3.3 进一步加强职业行动的指导 /076
3.3.4 进一步促进职业环境的营造 /077
3.3.5 进一步加强职业意志的培养 /078

3.4 高校"匠心鲁班"育人的不足 /080
3.4.1 教师方面的不足 /080
3.4.2 高校方面的不足 /081
3.4.3 社会方面的不足 /081

第4章 高校"匠心鲁班"育人的内容创新 /083

4.1 理想信念教育 /083
4.1.1 高校学生理想信念教育的分类 /083
4.1.2 高校学生理想信念教育的重要性 /084
4.1.3 鲁班文化对高校学生理想信念教育的价值 /085
4.1.4 传承鲁班文化对高校学生理想信念教育的意义 /086

4.2 爱国主义教育 /089
4.2.1 高校学生爱国主义教育的重要性 /089

4.2.2 鲁班文化融入高校学生爱国主义教育的必要性 /090
4.2.3 鲁班文化融入高校学生爱国主义教育的重要价值 /091
4.2.4 鲁班文化融入高校学生爱国主义教育的意义 /092

4.3 社会主义核心价值观教育 /093
4.3.1 社会主义核心价值观的根本内涵 /094
4.3.2 社会主义核心价值观的功能 /094
4.3.3 鲁班文化融入社会主义核心价值观培育的必然性 /095
4.3.4 鲁班文化在培育高校学生社会主义核心价值观中的意义 /097

4.4 道德教育 /098
4.4.1 鲁班文化中蕴含的传统美德 /098
4.4.2 鲁班文化之于高校学生道德教育的时代价值 /099
4.4.3 鲁班文化在道德教育中的主要功能 /100
4.4.4 鲁班文化在高校学生道德教育中的意义 /101

第5章 高校"匠心鲁班"育人的师资建设 /103

5.1 高校"匠心鲁班"育人的德育教师培养 /103
5.1.1 德育教师能力的提升 /103
5.1.2 德育教师素质的要求 /106
5.1.3 德育课教师提升的途径 /108

5.2 高校"匠心鲁班"的专业教师培养 /109
5.2.1 高校专业课教师育人现状分析 /109
5.2.2 高校专业课教师育人能力的要求 /110
5.2.3 高校专业课教师育人能力提升的途径 /112
5.2.4 基于鲁班文化加快建设"双师型"专业课教师队伍 /113

5.3 高校"匠心鲁班"育人辅导员的提升 /117
5.3.1 高校辅导员育人工作的职责 /117
5.3.2 高校辅导员"匠心鲁班"育人的实施路径 /118

第6章 高校"匠心鲁班"育人的实施建议 /121

6.1 高校"匠心鲁班"育人课程实施的建议 /121
6.1.1 鲁班"匠心鲁班"育人的课程内容 /121
6.1.2 鲁班"匠心鲁班"育人的德育课程 /122
6.1.3 鲁班文化融入专业课程的建议 /123

6.2 高校"匠心鲁班"育人实践实施的建议　/125
6.2.1 鲁班"匠心鲁班"育人实践实施的意义　/126
6.2.2 鲁班"匠心鲁班"育人实践实施的内容　/128
6.2.3 鲁班"匠心鲁班"育人实践实施的路径　/130

6.3 高校"匠心鲁班"育人校园文化实施的建议　/131
6.3.1 高校"匠心鲁班"育人的校园文化实施的意义　/131
6.3.2 高校"匠心鲁班"育人的校园文化实施的路径　/133

6.4 高校"匠心鲁班"育人网络文化实施的建议　/134
6.4.1 高校"匠心鲁班"育人的网络文化实施的意义　/134
6.4.2 高校"匠心鲁班"育人网络文化实施的路径　/135

参考文献　/137

第1章 鲁班文化的探索

鲁班文化是中国传统文化的重要组成部分,是中国传统职业文化的代表。千百年来,鲁班文化伴随着我国手工业的发展,在我国手工业漫长的发展过程中,起到了至关重要的作用,培养了一代又一代优秀的传统工匠,成为中华优秀传统文化不可或缺的一部分。时至今日,鲁班文化依然是我国制造业、服务业重要的精神内核,在中国特色社会主义新时代,鲁班文化必将释放更耀眼的光芒,为我国的经济社会发展提供精神动力。

1.1 鲁班文化的内涵

鲁班文化作为中华传统文化最具特色的部分,拥有丰富的内涵。鲁班文化的内涵描述了千百年来我国手工业的发展史,描绘了千百年来我国劳动人民的手工艺操作,是中华传统文化关于职业发展、职业精神、职业操守的结晶。

1.1.1 鲁班文化的沿革

了解鲁班文化,首先要明白鲁班文化的沿革。鲁班文化的沿革,可以从春秋时期开始延续至今。在这个过程中,鲁班文化不断丰富发展,逐渐成为中华优秀传统文化最重要的部分之一。研究鲁班文化的沿革,我们要从多个方面进行研究,才能真实地还原鲁班文化的精神内核,研究鲁班文化的精神内涵。

1.鲁班的古籍记载

了解鲁班文化,首先要了解鲁班。关于鲁班的记载,其文字最早出现在先秦的古籍中,通过先秦的古籍,我们大概可以了解到:第一,历史上的确有过鲁班这个真实的人物,也就是说,鲁班是一个活生生的人,但关于鲁班事迹的相关记载,往往具有神话色彩,显得比较传奇;第二,在古籍中鲁班的记载往往只是只言片语,很多是附带的记载,也有碎片化的记载,但根据这些记载,我们依然可以推断出,关于鲁班的知名度、关于鲁班的传说,在古时候就已经很普遍了;第三,自汉代以后,到明清时期乃至近代,关于鲁班事迹的记载,更加丰富翔实,与此同时,关于鲁班的故事,其传奇色彩也变得更加明显,逐渐走向神话。到了明清时期,出现了我国唯一的民间建筑典籍《鲁班经》,这是关于鲁班的一部独立的书籍在建筑工匠中广为流传。

(1)先秦的记载

中国古代的古籍《墨子》最早记载了鲁班的事迹。《墨子·公输》篇中的"公输盘为楚造云梯之械成,将之攻宋""公输盘九设工城之机变"的记载,使得鲁班作为一个人物形象,已经开始在文献中正式出现。《孟子·离娄》中记载的"离娄之明,公输子之巧,不以规矩,不能成方圆",记载了鲁班卓越的技艺。古籍中零星的记载,并没有对鲁班及鲁班的主要事迹进行专门的文字表述,只是描述了鲁班的技艺,但确定了鲁班这个历史人物。

(2)秦汉至两晋的记载

鲁班的记载出现在古籍中,得到进一步的丰富与发展,是在秦汉至两晋时期。如秦代《吕氏春秋·慎大览》中有"公输班天下之巧工也";汉代《礼记·檀弓》里记载"季康子之母死,公输若方小,殓,般请以机封"。这一时期,关于鲁班的文献记载,开始出现了新的内容,鲁班的高超技艺开始得到人们的认可。汉乐府的古辞《艳歌行》中,出现了鲁班参与修建洛阳宫的记载:"谁能刻镂此?公输与鲁班。被只用丹漆,熏用苏合香。本自南山松,今为宫殿梁。"汉代《艳歌行》中的鲁班,不再单纯的是一个木匠,而是开始了参与修建房屋、楼宇,成为全能的工匠。同时,汉代诗篇中也出现了鲁班制造铜炉器的记载,称赞鲁班制造的铜炉器雕纹的精美,称赞鲁班技艺的高超。

(3)唐代至明代的记载

在唐代,建筑工匠祭拜鲁班,敦煌建筑工匠上梁时,则把祭拜鲁班作为规定仪式。到了明代,明成祖朱棣开始册封鲁班为待诏辅国大师北成侯,礼用太牢,开始春秋二祭。明成祖朱棣对鲁班的礼遇,标志着统治阶层对民间祭拜的鲁班的承认和肯定。明万历年间,官家《新镌京板工师雕刻正式鲁班经匠家镜》的刊刻,标志着建筑行业的主管部门对鲁班的公开认同。

虽然在文献记载中,鲁班没有被列传,但依然被记载,而且记载呈延续性趋势,说明鲁班的影响力一直都在,也说明鲁班文化在持续发展。

2.鲁班信仰的发展

在鲁班文化的丰富发展中,鲁班逐渐被神化,成为木匠行业、泥水匠行业、石匠行业等诸多手工业行业的行业神,特别在建筑行业中,起到了偶像的至关重要的作用,从而发展出了鲁班信仰。鲁班信仰是鲁班文化的一个特殊现象,是鲁班本人作为行业神的一种信仰。千百年来,鲁班信仰成为鲁班文化重要的标识,促进着鲁班文化的发展,鲁班文化也借助着鲁班信仰,将鲁班文化的精神内容附着于传统工匠身上,从而实现了鲁班文化与鲁班信仰的互动,鲁班信仰的发展沿革如下。

(1)鲁班信仰的萌芽期

在先秦时期,关于鲁班信仰的古籍相对较少。这一时期鲁班信仰处于萌芽状态。古籍中,关于鲁班的介绍大多时候是真实的,但也有一些夸大的说法,如"木以为鹊,成而飞之,三日不下",显然有夸饰和美化的成分,但也显现出先秦时期鲁班信仰的萌芽。

(2)鲁班信仰的形成期

秦代的《吕氏春秋·慎大览》记载了"公输班天下之巧工也"。

汉代的鲁班称谓正式出现,关于鲁班信仰的记载增添了新的内容,对鲁班的建筑技艺已经有了夸张、神化的成分。这一时期,鲁班的建筑技艺在民间已经开始神化,这个时候,对一个真实的历史人物赋予神性的表现手法,也体现了鲁班信仰的逐步形成。

南北朝时期,古籍记载鲁班制作了天姥山上会飞的木鹊,刻的石龟"夏则入海,冬复止于山上"。这些古籍记载反映了人们由最初对鲁班精湛建筑技艺的肯定,发展到了将鲁班作为行业神的信仰,认为鲁班制作的木鹊会飞、石龟可以入海,使鲁班形象具有了神化色彩。可见,鲁班信仰在秦汉至南北朝时期开始逐渐形成。

(3)鲁班信仰的发展期

随着古籍记载的逐渐增多,到唐代,关于鲁班的古籍资料开始丰富,关于鲁班的人物形象逐渐丰满。从古籍记载看出,从唐朝开始,鲁班从单纯的木匠变成了优秀建筑传统工匠的代表,成为能工巧匠的代名词,"鲁班再世""活鲁班"的头衔,成为当时建筑传统工匠的最高荣誉。这个时候,建筑传统工匠将鲁班形象神化,认为鲁班是神仙,到处显示圣灵,以致"今人每睹栋宇巧丽,必强谓鲁般奇工也。至两都寺中,亦经常托为鲁般所造,其不稽古如此"。唐代以后,古籍记载中的鲁班信仰体现得更加明显,传说、资料开始对鲁班进行了丰富的补充说明记载。

(4)鲁班信仰的兴盛期

鲁班信仰发展到明清,达到了鼎盛时期。约在明代初年,建筑传统工匠已有建立祠庙崇祀鲁班的举动。明成祖朱棣迁都北京,在兴建皇宫紫禁城时,成千上万的建筑传统工匠祈求鲁班保佑完成繁重的劳役。皇宫建成,建筑传统工匠认为是鲁班保佑的结果,开始修庙祭祀鲁班。明成祖朱棣用最高的祭礼,春秋举行两次大祭,祭祀鲁班,并封鲁班为侯,足见对鲁班的极度信仰。这个时候,关于鲁班的古籍记载越来越多,大多集中在对鲁班祖师形象的神化上,明代编撰的木匠经典《鲁班经》、后世广为流传的《鲁班书》,均是这一时期的代表作。这个时期,鲁班的形象是多元化的,既是技艺高超的建筑传统工匠,也是有政见的游说者、隐士以及神仙,有崇高的地位和影响力,包括鲁班出生的描述与古代小说中常见的帝王、圣贤的描写十分类似,带有明显的神异色彩。此外,各地民间还流传着很多关于鲁班作为神仙显灵帮助建筑传统工匠建屋的传说。

到了清代,各地的地方志中,逐渐出现了关于祭祀鲁班的具体仪式活动内容的文字记载。这个时间,工匠比较聚集的上海、北京等地,陆续出现了行业组织,他们修建祭拜场所,组织祭拜活动。咸丰年间,广东帮的红木制作传统工匠在里虹口建造了鲁班阁;同治年间,上海的浙江宁波轮船木业公所,在梧州路兴建了鲁班庙;宣统三年,宁波帮的水木业传统工匠成立行业公所,在打铁浜修建了鲁班庙。清至民国初年,北京出现了以鲁班为祖师的行帮性组织——鲁班会。

(5)鲁班信仰的延续期

民国年间,鲁班越来越受到了人们的重视,人们在全国各地专门修建各种各样的祭祀鲁班的场所,曲阜有专门的鲁班庙、济南的千佛山有鲁班祠、蓟县有鲁班庙以及湖北的黄梅县有鲁班亭,等等。在我国的台湾、香港地区以及马来西亚等东南亚国家里,都兴建了有祭祀鲁班的纪念堂,东南亚国家还专门派代表,多次来到济南千佛山的鲁班祠进行认宗朝拜活动,更是鲁班信仰的体现。

除了修建各种祭祀鲁班的场所,以鲁班为主题的各种学术研讨活动以及鲁班纪念活动,也充分体现出了人们对鲁班信仰的传承。政府也从文化角度对鲁班信仰进行了认可,国家建设部颁发的建筑质量最高奖确定为"鲁班奖",1987年由中国建筑行业联合会设立,目的是鼓励建筑施工企业加强自身的企业素质管理,激励建筑施工企业搞好工程的质量,推动我国整个建筑工程行业质量水平的提高,这也体现了鲁班信仰的传承。

1.1.2 鲁班的文艺作品

鲁班文化能够千百年流传,关于鲁班的文艺作品功不可没。鲁班的文艺作品,不仅数量多、分布广,而且普及也很广,在中国民间可谓是家喻户晓、妇孺皆知,成为鲁班文化重要的载体。无论是作为鲁班文化的启蒙教育、鲁班文化的深化,还是作为鲁班文化的推广,关于鲁班的文艺作品都起到了至关重要的作用。

1. 鲁班的传说

鲁班传说以鲁班为主人公，或者以鲁班的成就与影响为内容，各自成篇，各篇呈现出各具特色、形态多样的特点，具体可以分为以下系列。

(1)鲁班谦虚好学传说系列

谦虚好学系列的传说，是鲁班传说中最具有德育意义的一种传说，很多谦虚好学系列的传说被作为教育后代的良好范例。谦虚好学本来就是中华民族的优良传统美德，在鲁班传说中，谦虚好学的优良传统得到了很好的体现。鲁班在传说中修筑了无数优秀的建筑，创造出了不少实用的发明，那么鲁班的才智从何而来呢？在我国的鲁班传说中，并没有将鲁班神化，而是将鲁班作为一个普通人，鲁班的高超技艺依然是学来的，依然是刻苦努力得来的。鲁班谦虚好学系列的传说，描绘了鲁班谦虚好学、刻苦努力的精神，充分体现了鲁班克服骄傲自满、虚心向别人请教的良好品质，在漫长的历史岁月中，鲁班传说中谦虚好学的精神一直影响着后世的工匠。

(2)鲁班巧智传说系列

对于鲁班的人物形象来说，巧、智是鲁班人物形象的基本特征，因此巧智系列也是鲁班传说中常见的传说类型。鲁班传说中的巧智系列传说在我国各民族各地区广为流传，这类传说一般分为两类。

一类是直接表现鲁班自身的高超技艺。这种巧智的传说与古代工匠的生产实践紧密相关，是工匠们实践经验的体现，是实践经验的直接反映。这些传说并非完全虚构捏造，而是具有一定的科学成分，还原了古代科技工艺发展的过程，蕴含着技艺上的革新与创造，涉及了高超的技艺。很多工匠通过传说，启发创造性思维，修建出更多的经典建筑，制作出更多的美轮美奂的工艺品。

另一类传说，没有直接表现鲁班的巧智，甚至表现出鲁班的不巧和不智，如关于班母和班妻的传说。但这样的鲁班传说，同样也体现出鲁班的巧智，体现出鲁班的心胸和虚怀若谷的态度，刻画出鲜活的鲁班形象。

(3)鲁班排忧解难传说系列

事实上，排忧解难系列的传说可以看作是鲁班巧智系列的一种，在某种程度上,排忧解难系列传说也体现了鲁班的巧智。但排忧解难系列传说中,更注重体现鲁班乐于助人的品质,急他人之所急,想他人之所想,帮助工匠们解除工程中的困难,帮助手工业者减少不必要的劳动。从这里,也体现了古代传统工匠对鲁班的尊敬和崇拜。排忧解难系列传说也是鲁班传说中神化鲁班的一个系列传说,在排忧解难系列传说中,鲁班经常会化身老工匠,亲自动手,解决问题;或者点拨一些道理,指点一些事物来点化人们,使困难的问题得到解决,从而实现显圣的现象。可见,在这一类传说中,鲁班被神化,其身份是祖师,鲁班的外貌比较老成持重,一般的情况下体现为两鬓花白、容貌和善,是一个老工匠的形象。

(4)鲁班团结协作传说系列

团结协作系列传说体现了古代传统工匠的协作精神,团结协作系列传说在鲁班传说中为数不少。鲁班在劳动过程中发明创造了不少劳动工具,互相帮助,取得了不少成果。团结协作系列的传说,将鲁班作为传说中能工巧匠的典型,作为劳动人民的一员和一个普通人,将个人主义精神与集体主义精神相融合,体现了个人只有融入集体之中,才能释放自己的才华,发挥自己的才能,才能发光发热。因此,团结协作系列传说体现了古代传统工匠的团队精神,彰显了互帮互助的品质。

(5)鲁班诚实守信传说系列

诚实守信系列传说是鲁班传说中的一个重要类型,也是比较有趣的一个类型。诚实守信系列传传说的常见形式是鲁班与他人比赛,竞争对手使用阴谋诡计,鲁班依然诚实守信。诚实守信系列传说体现鲁班的诚实守信精神,反映了中华民族的传统美德,体现了诚实守信的精神内涵,符合人们的审美需求。千百年来,诚实守信也成为我国传统工匠重要的精神内核,被广泛继承与发扬。

(6)鲁班斗争传说系列

斗争系列传说是鲁班传说中比较另类的一种。在古代,传统工匠地位低下,时常受到压迫,但有压迫就有反抗,受到压迫、欺凌的古代传统工匠也渴望反抗来自各个方面的压迫和剥削,改变心酸的处境。因此,古代传统工匠把反抗压迫、争取人格尊严的美好希望寄予鲁班,让作为祖师的鲁班来完成其反抗压迫的愿望。在斗争系列传说中,鲁班在斗争中的对象有皇帝、官吏、地主、老财,还有代表黑暗势力的妖魔鬼怪。这些斗争经历都体现出了我国传统工匠的一种精神释放。在鲁班文化中,也有反对压迫、伸张正义的精神属性。同时,在鲁班传说中,也有相应的爱国、反抗侵略的思想、藐视权贵的思想,视功名如粪土的高贵品质。

2.鲁班语言的流传

随着鲁班文化的发展,鲁班故事的流传,有关鲁班的内容已经深深融入了中华语言文化中,很多关于鲁班的词汇,已经成为中华语言文化的一部分,这些词汇表现为成语、俚语、歇后语。这些词汇的出现对鲁班文化起到了传播推广的作用,也使得鲁班文化被人们所知,成为鲁班文化重要的载体。比如以下几个成语。

(1)同巧相胜

这个成语主要是指鲁班与墨子有相同的智慧和技术,二人曾在不同场合对决过,他们的对决如同今天的沙盘推演,交替展示攻守形势。这个成语是鲁班和墨子互相比巧的一个典型的案例,这里的"巧"是指技术和技艺、技巧。在对比的过程中,墨子往往是胜利者,他用对巧度的定义,加上以百姓利益为标准的价值观,最终说服了鲁班接受他的价值观,放弃进攻。事实上,儒家学派对于鲁班为代表的手工业一直持排斥和否定态度,甚至提出要用镇压的方式来对付。以儒家思想为主流的封建意识形态,在长时间内一直统治中国,严重迟滞和束缚了中国科学技术的发展,这也是当时历史状态的一个真实写照。

(2)巧如鲁班

巧如鲁班,是民间常用的成语。这句成语的使用,说明鲁班的技巧已经成为手工业工匠学习的榜样,是技术巧妙的代表,所以,在后期手工业者技能高超的时候往往用到这个成语——巧如鲁班。

(3)班门弄斧

班门弄斧的意思是人们在行家面前不自量力,卖弄技巧,也称鲁班门前弄大斧。因为斧子是鲁班发明的工具,在鲁班门前弄大斧,可见,是在行家面前展示自己,有可笑的意味。千百年来,"班门弄斧"也约定俗成地成为人们常用的口头语。

1.1.3 鲁班的创造发明

鲁班是一位著名的发明家,时至今日,我们仍有一些耳熟能详的工具是由鲁班发明的。鲁班从小就受所在家族的影响,他的家族就是工匠世家,他的祖辈父辈擅长的就是木匠活,做的东西都很巧,木匠活是鲁班家族的看家本领,从小在耳濡目染下,鲁班具备了非常扎实的基础。鲁班不仅工艺精湛,而且很痴迷于发明技术,发明了大量工具,涉及各个领域,成为木工的祖师。

鲁班的发明有:第一,雨伞。鲁班是一个有爱心的人,他的妻子长期工作在烈日之下,鲁班见路边的凉亭可以遮风挡雨,于是想发明一种可以移动的凉亭,受这个启发,鲁班发明了雨伞;第二,墨斗。是由墨线等四个部分构成,是中国传统木匠中常见的必要工具,用于测量和房屋建造;第三,石磨。石磨是一种加工粮食的器械。开始时,用人力和畜力,把米、豆、麦加工成粉,到了近代,人们开始用水作为动力制成水磨。石磨由两个圆石构成,磨的平面是两层结合处,有纹理,粮食从上方的孔进入两层,沿着纹理向外运,滚过两层石被磨碎形成粉末;第四,刨子。用来给木料削薄、抛光,将木料做成平面的工具,刨子的应用使家具建筑的工艺突飞猛进,也促进了木工工艺的发展;第五,锯。是木工行业中重要的工具,用来切割木料,锯的出现极大地促进了木匠行业的发展;第六,木鸢。也称为风筝,风筝起源于中国,广泛流传于世界,是一种民间工艺品,最早的风筝是木材制作的。鲁班博学多才,制作木鸢,三天三夜一直飞翔,受到人们的称赞;第七,曲尺。也称为拐尺,木工钳工常用的工具,是一边长一边短的直角尺,有较为特殊的圆弧,可以画线、量方;第八,锁。鲁班改进的锁内设机关庭,钥匙才能打开,可以代替人看守门户,一把钥匙一把锁增强了锁的安全性;第九,雕刻。雕刻是把木材石料和其他材料切割成预期形状,在雕刻的时候一手拿着刻刀,一手拿着木槌,敲入木头或石头中雕刻图案;第十,云梯。云梯是战争器械,用于工程,古代的云梯底下有轮子可以推动,也称为云梯车,配备有一些挂钩、防盾、脚车等工具,也有的用花朵作为升降设备,是战争重要的器械。

1.1.4 鲁班的精神元素

鲁班精神是鲁班文化中的精神元素,鲁班精神所表达的内容非常丰富,是鲁班文化重要的组成部分,至今为止,鲁班文化中发扬鲁班精神依然是传承鲁班文化的重要内容,鲁班精神发扬的内容如下。

1. 精益求精的精神

精益求精是鲁班精神的首要元素。作为一个工匠,精益求精,是必备的职业精神。关于鲁班精益求精、注重质量的故事与古迹有很多。之所以将鲁班誉为行业的祖师,是因为鲁班以行业产品质量为生命,非常注重质量的重要性,因此,精益求精也成为鲁班精神的核心。在古代的故事和传说中,房屋的上梁非常考究,很多人请著名的工匠鲁班上梁。这个时候,鲁班总是在心中反复计算琢磨,严格规范标准,注意细节,在上梁的时候,保证梁与梁之间不留一丝缝隙,拼接得严严实实,只要一条大梁嗡的一响,整个大梁就上在一起,从而保证了工程的质量。直到今天,在山东滕州的民间,依然有很多关于鲁班上梁的习俗,不论是早上还是晚上上梁的时候,都要以接受神仙的形式来迎接鲁班来,这个时候还要贴对联儿来乞求上梁大吉。

2. 持之以恒的精神

持之以恒的精神,是鲁班精神的重要内容,体现在鲁班治学、求学、勤学的过程中。在鲁班的诸多故事中,有许多关于鲁班本人勤奋好学、持之以恒的故事。这些故事在民间作为榜样广为流传,影响十分广泛,其中最著名的故事是鲁班学艺的故事。鲁班学艺的故事,经常被列为我国中小学的教材内容,在教学中发挥了教育价值,激励了一代又一代中小学生,刻苦努力,勤奋好学。在鲁班学艺的故事中,鲁班有着虚心学习的态度,有着坚持到底的决心,因此得到了师傅的肯定与赞赏。鲁班在学艺的三年时间里,表现得非常刻苦,非常努力。他坚持不懈,持之以恒,在三年之后,鲁班学会了师傅的所有手艺,成为后来各个时代学徒们拜师学艺的榜样。可以说,鲁班的一生都在不断地提高自己的技艺,这种坚韧和执着体现出来的精神,是广大传统工匠追求的重要内容。

3. 创新进取的精神

创新进取的精神是鲁班精神的重要内容,也是古代工匠创新精神的集中体现。鲁班本人极具智慧,具有非凡的创造力和敏锐的观察力,许多伟大的发明也集中他身上。有一次,鲁班负责建造蜀国的宫殿,在当时需要大量的木材,如果仅仅凭借斧头,很可能赶不上工程进度,于是鲁班开始想办法,如何加快木材的砍伐。一次上山的路上,鲁班摔倒了,他的手被路旁的杂草割破了,鲁班好奇地拿起割破手的草,发现在草叶子的边缘,有一排排的锯齿。鲁班受到了启发,发明了木工所用的锯子,大大提高了砍伐树木的工作效率,从而保质保量地完成了任务。直到今天,鲁班发明的木工所用的锯子依然作为伐木的重要工具,鲁班还有其他的重要发明,比如雨伞,等等。这些重要的技能革新,反映了鲁班高超的创新技能与卓越的创新意识。

4. 勤奋好学的精神

勤奋好学的精神是鲁班给人们的第一印象。鲁班文化中蕴含着勤奋好学的精神,在民间故事中,鲁班是一个普通人,他的技能高超也是通过矢志不渝的学习得来的。比如,在鲁班学艺的故事中,鲁班三兄弟一起拜师学艺,但老大老二却无功而返,知难而退,只有老三鲁班爬过高山,来到终南山,以自己执着的精神感动了师傅。鲁班在三年的学习过程中吃尽苦头,为了练习手艺,抹平了几块磨石,磨干了几缸水,通过自己的勤奋努力,终于学有所成。鲁班以勤奋来教授徒弟,为世代工匠学艺提供启示,也就是不经过刻苦的努力,训练技能的高超就无从谈起。

5. 创新发明的精神

鲁班是我国古代著名的发明家,鲁班发明了很多产品和工具,造福了人民,促进了生产力的发展。从鲁班的民间传说和古籍记载来看,鲁班作为最基层的建筑传统工匠,有着劳动人们最为朴素的社会责任承担意识,其众多的发明创造都与劳动人民的生活实践紧密联系。例如,鲁班为减少人力付出,提高建筑效率而发明的锛、斧、凿、锯等木匠机械工具;为提高人们生活质量,而改进了门、桌、窗、床等生活用品。鲁班的创造和发明来源于劳动人民的生活,服务于劳动人民的生产生活,使人民从原始的、繁重的劳动中解放出来,实现了技术与应用的统一,促进了社会生产力的发展。

6.尊师重道的精神

在鲁班文化中,具有尊师重道的精神,这是鲁班文化重要的精神体现。由于鲁班文化产生于手工艺制造时代,所以,技艺的传承大多以师徒制传承,师傅在徒弟学习的过程中,扮演着重要的角色,既是同一技能的传授者,也是徒弟道德的塑造者。同时,尊师重道也是中华传统文化的重要特征,作为中华传统文化的重要组成部分,尊师重道也是鲁班文化的应有之义。因此,在鲁班文化中的尊师重道,是传统工匠重要的精神体现和道德操守。

7.勤俭节约的精神

在鲁班文化中,勤俭节约的精神也是鲁班精神的重要组成部分,这里的勤俭节约精神体现为两个方面:一方面,是工匠个人勤俭节约的体现,包括生活的简朴和对自己生活不铺张、不浪费的约束;另一方面,是对所从事工程或者产品的节约,既节约成本,也节约物料,用最少的材料办最大的事,这也是精益文化的体现。

8.造福人民的精神

在鲁班文化中,造福人民、造福乡里、造福桑梓,是鲁班文化的重要内容。鲁班文化中处处体现着为人民服务的高尚情操,这也是手工业者为客户服务的重要体现,因此,在鲁班文化中体现着爱岗敬业、诚信友善的价值观,体现着为人民服务的精神。

1.2 鲁班文化的价值

和所有中华优秀传统文化一样,鲁班文化具有重要的文化价值。但与中国传统文化的其他部分所不同的是,鲁班文化是基于劳动实践、基于职业精神的文化,因此,鲁班文化有其独特的价值,下面我们从几个方面分析鲁班文化价值。

1.2.1 鲁班文化的社会价值

在全党、全国、全社会日益重视科技、重视创新、重视人才的新时代,对古代著名工匠、发明巨匠鲁班进行研究,具有十分重要的历史意义以及现实意义。从历史角度讲,鲁班文化是在我国传统社会发展进程中,不断积淀形成的优秀传统文化,是传统手工制造业发展的产物。在新时代,鲁班文化的传统内涵与我国当代文化进程相结合,被赋予了新的时代含义,体现出更具时代特色的价值。

鲁班的名字在我国家喻户晓、妇孺皆知,但是鲁班的创新精神、发明精神以及杰出贡献,很少有人关注。我们提倡纪念鲁班,加强对鲁班以及鲁班文化的宣传,让大家了解鲁班,学习鲁班,成为鲁班式的人物;要立足本职工作,增强全民创新意识,提高全民创新能力;要弘扬鲁班的发明精神和创新精神,不断解放思想、与时俱进,既要学习前人,又要突破前人,促进我国各项建设事业的发展。

同时,在崇尚科学技术、弘扬优秀文化、鼓励科技创新的新时代,鲁班文化在我们民族文化中仍然放射着独特的光彩,在当今社会中,仍有其重要的价值。加强鲁班文化研究,开发鲁班"巧圣"文化资源,有利于发扬创新精神,推动科技进步,进一步加快社会主义现代化强国建设;有利于扩大我国的对外文化交往,特别是与崇拜鲁班文化的东南亚国家的合作与交流,进一步增进共识,促进中华民族的伟大复兴。

1.2.2 鲁班文化的经济价值

在历史上,鲁班以高超的工艺技能和实用的发明创造,为我国古代社会生产力的发展,为我国古代科技的发展进步做出了杰出的贡献。同时,鲁班文化也提升了古代的劳动生产力,提高了古代手工产品的生产水平。在今天,宣传鲁班文化,学习鲁班文化,普及鲁班文化,就是要在经济社会的发展中发挥鲁班文化的激励作用、规划作用,发挥鲁班文化的创新作用,推动我国经济社会的发展,将鲁班文化应用于生产,提升产品的质量,提升工程的质量,让我国的经济建设获得高质量发展。

1.2.3 鲁班文化的文化价值

中华民族是一个优秀的民族、智慧的民族、勤劳的民族、伟大的民族,拥有着优秀的文明、杰出的文化,涌现出了许多的文化英雄和能工巧匠,这些文化英雄和能工巧匠在社会的发展和不断进步中,做出了巨大的贡献,鲁班是其中最著名的一位。

《中国古代建筑技术史》称"鲁班为我国最早的能工巧匠和创造发明家之一"是有科学依据的。据古籍记载,鲁班发明了涉及领域广阔的众多的工具,此外,鲁班建筑技术高超、技能精湛,是我国古代建筑行业能工巧匠的智慧化身。在社会主义现代化建设的今天,建筑行业传承鲁班文化,把一些技术好的工匠以"能鲁班""巧鲁班"以及"青年鲁班"等来命名。当今对鲁班文化的传承中,带有文化崇拜的成分,这种文化崇拜,不仅仅是物质层面的技能追求,更重要的是对中华民族伟大品德智慧的一种赞美和继承。

在我国提出继承中华民族优秀传统文化以及传统智慧的背景下,传承鲁班文化是有现实意义的。鲁班在技术上的精益求精、技巧上的精湛高超,依然是当今努力追求的方向,包括中华民族的优秀文化、价值取向、思维方式、行为规范,这些优秀品质在我国人们心中打下了不可磨灭的印记,有着强大的生命力与渗透性。鲁班形象表现了我国人民的勤劳、智慧。鲁班文化的传承为广大人们的道德品质起到了很大的教化作用,有利于增强广大人民的勤劳、智慧等品德的形成,有利于增强民族凝聚力。鲁班文化的提出,在建设社会主义的今天,散发出了中华民族优秀智慧所具备的张力。自古以来,鲁班文化以文化崇拜的方式,以一种集体无意识的形式,向我国人民传递着中华民族特有的智慧和力量。

1.2.4 鲁班文化的行业价值

鲁班文化的行业价值,主要体现在以下几点:第一,促进行业的规范和发展。行业主体之间是个比较松散的群体,促进行业的规范和发展,首先要促进各个经济主体之间的认同,这个认同需要一面旗帜,一个统一的思想,鲁班文化以及鲁班文化衍生出来的鲁班崇拜,作为行业内共同认同的精神领袖和价值观,可以为行业规范和发展提供旗帜,在精神层面为行业的发展提供推动力量。第二,促进行业间的交流。鲁班文化是我国历史上著名的行业神,而且是一位好人,鲁班文化中,鲁班不仅仅是木工的祖师,也是石匠、泥瓦匠的祖师,是多个行业的,共同的行业神。在行业间交流的时候,由于有着共同的行业崇拜,有着共同的行业神,更容易使行业之间的交流成为一种常态,成为一种规范。第三,行业中榜样的作用。鲁班作为一个榜样,树立了行业的标杆,是行业人追求的目标,是行业人自己约束自我的理由,也是评价产品质量和服务质量的重要参考,因此,鲁班文化对于行业的发展具有重要的作用。

1.2.5 鲁班文化的教育价值

鲁班文化是我国广大劳动人民,通过长期的劳动实践,长期的劳动探索,经过漫长的历史积淀所形成的文化成果,是中华民族优秀传统文化的有机组成部分,是当前我们国家弘扬中华传统文化的重要组成部分,具有重要的教育价值。将鲁班文化融入高校教育中,可以促进高校专业教育的开展,促进学生职业道德的修养,促进工匠精神的养成,激励学生的创新精神,帮助学生成长成才,具有重要的教化功能。同时,鲁班文化产生于传统师徒制传承时代,强调师徒制度,积累了深厚的世道内涵,对于调节师生关系具有积极的意义。从这个角度来说,鲁班文化的推广可以行尊师中道之风,帮助教师恪守职业道德,引导学生尊师重道,有助于弘扬、建设高校校园文化良好的尊师风尚。

1.2.6 鲁班文化的成长价值

鲁班文化的成长价值主要体现在学校的自我反省中,体现在学生的自我成才中。鲁班文化作为我国著名的行业文化,对于从业者的影响是极其深远,因此,鲁班文化不仅仅体现在学生学习阶段、学徒阶段,而且广泛体现在终身教育中,因此,强调鲁班文化的成长价值,也是将鲁班文化应用于终身教育的重要体现。如果把鲁班文化融入终身教育体现其成长价值,主要表现在以下三个方面:第一,鲁班文化融入终身教育,可以为职业人树立目标。很多职业人有职业倦怠、职业发展停滞不前、职业迷惘的现象,产生这些现象的一个根本原因就是职业目标不明确。鲁班文化中的鲁班形象很好地为职业人确立了一个职业目标,让职业人见贤思齐,确定自己的生涯目标。第二,鲁班文化融入终身教育,可以时刻规范职业人的职业行为。鲁班文化是一种行业文化,是对行业人有深远影响的文化。鲁班文化影响着职业人,让职业新人根据鲁班文化的约束从事各种行业,即使在自己一个人的时候,也能够遵循职业的行业标准来完成任务。第三,鲁班文化融入终身教育,可以提升职业人的幸福感。在鲁班文化的感召下,这些人以积极的心态融入行业中,达到了职业人发展的效果,从而收获幸福感和获得感。

1.3 鲁班文化的功能

鲁班文化作为一种文化,同时也作为中华传统文化的一部分,具有文化的功能。这个功能既包括鲁班文化的一般文化功能,也包括了鲁班文化的特殊功能,一般来说体现在以下几个方面。

1.3.1 鲁班文化的导向功能

事实上,文化都具有导向功能,导向功能是文化的一个重要特征。鲁班文化作为一个来源于实践、来源于传统文化的文化体系,其导向功能更加明显。鲁班文化的导向功能体现在三个方面:第一,对于行业的导向功能。鲁班文化是一种行业文化,祈求精益求精的态度,诚信友善的品质,引导着行业的发展,决定着行业的发展方向。第二,对产品服务的导向。鲁班文化最重要的是落实在产品和服务上,这样,鲁班文化对产品服务的要求就比较高,引导着产品服务升级、向上,这也是鲁班文化的重要导向。第三,对职业人的导向。鲁班文化对于职业人来说是重要的行业文化,也是重要的教育资源,将引导着职业人向着更优秀的成绩迈进,引导着传统工匠向大国工匠迈进,引导着职业人向成功职业人迈进。

1.3.2 鲁班文化的激励功能

同样,鲁班文化也具有激励功能。鲁班文化拥有激励功能,这也是鲁班重要的文化功能之一。事实上,鲁班文化的激励功能在千百年来,一直激励着千千万万个传统工匠,精益求精,提升技能,创造了悠久的中华文明,创造出了一件又一件优秀的工艺品。在中国古代,儒家文化占据主流,"学而优则仕"的思想成为社会的价值标准。那个时候的工匠,生活清贫,工作辛苦,社会地位低,生活在社会的边缘。正是由于鲁班文化的激励功能,才让千千万万的传统工匠找到了自己的职业价值,点燃了自身的职业热情,在辛勤的劳动中能够乐业,能够安下心来做好每一件产品,做好每一项服务,促进了我国古代生产力的发展。鲁班的激励功能一般分为三个层面:第一个层面,思想层面。鲁班文化激励工匠的思想,让他们把手工业当作一个有荣誉感、有获得感、有归属感的职业;第二个层面,个人层面。鲁班文化激励工匠在自己的行业领域内积极探索,成为大国巨匠,实现自己的人生价值;第三个层面,产品和服务层面。鲁班文化激励着手工业者,激励着工匠,把每一件作品都赋予情感和热情,都当作自己的荣耀和荣誉。

1.3.3 鲁班文化的启迪功能

鲁班文化同样具有启迪功能。事实上,鲁班文化的启迪功能,是千百年来中华工匠文化的重要功能,但这一点往往被忽略。在中国传统文化中,很多传统工匠在入门的时候都要拜鲁班先师,在这个时候,鲁班就扮演着传统工匠启迪者的形象。事实上,对于鲁班文化来说,鲁班文化中的鲁班形象,与传统工匠的师傅一起共同承担了鲁班传统文化的启迪作用。举例来说,在传统工匠师傅教育徒弟的时候,很容易将鲁班的事迹和鲁班的形象告诉给徒弟。这个时候,鲁班形象成为传统工匠的偶像,激励徒弟,而工匠师傅在传授徒弟的过程中,通过与徒弟的交往,形成互动。鲁班的偶像性重要作用,加上师傅与徒弟的互动,共同发挥启迪学生、启迪学徒的作用。这种启迪功能通常体现在以下几个方面:第一,鲁班文化在启迪学生的时候,给予学生学习的素材,包括一些故事;第二,鲁班文化在启迪学生的时候,往往提供学生一个成才的路径,也就是鲁班成长的路径;第三,鲁班文化作为载体教育学生的时候,往往将鲁班的成就、鲁班的榜样作为学生学习的目标。这样看来,鲁班文化在启迪学生方面是非常全面的,也就是说千千万万个传统工匠走在手工业这条路线的时候,都希望将来成为另外一个鲁班,鲁班也是他们前进路上的灯塔和指路明星。

1.3.4 鲁班文化的熏陶功能

鲁班文化同样具有文化的熏陶功能,熏陶功能是文化的重要功能,文化通过熏陶功能在春风化雨、润物无声的细节中,体现育人作用、思想教化作用和文化传播作用,因此,熏陶功能也是文化的立身之本,生命之源。鲁班文化作为中华传统文化重要的组成部分,具有熏陶功能,体现出创造性。第一,鲁班文化是一种行业文化,对传统工匠有着很强的教化功能。传统工匠行业发展的过程中,鲁班像一个影子,像一位良师益友,如影随形。时刻要求传统工匠要以精益求精的精神,要有服务人民的精神,来完成各项事业,这样一来,鲁班文化的熏陶功能就在工匠的职业生涯中处处体现。

第二,鲁班文化不仅是一种行业文化,同时也是一种民间文化。千百年来,鲁班是民间文化重要的组成部分,鲁班传说、鲁班故事、鲁班的戏曲,传唱大江南北、长城内外,成为中华民族传统文化特别是民俗文化的重要组成部分,因此,不仅仅是传统工匠认可鲁班的存在,在民间也广泛认可鲁班的存在,鲁班在民间也成为大家竞相学习的榜样。

1.3.5 鲁班文化的调节功能

调解功能也是鲁班文化的重要功能,事实上,文化都具有调节功能。在同一文化的认同下,各种关系会被梳理,人和人之间会被理解,组织机构之间会被认同,这也是文化的重要作用,因此重视鲁班文化的调节功能,也是发挥鲁班文化现实功能的关键之一。一般来说,鲁班文化的调节功能体现在下面两个层面:第一个层面,鲁班的调节功能表现为工匠与客户之间的调解。由于鲁班文化是工匠与客户共同认同的文化,因此在手工业制造中、在工程的施工中、在鲁班文化的框架内,工匠与客户是很容易达成共识的,这也使得工匠与客户之间的委托与被委托关系很容易达成,使客户更加相信工匠,产生了一种天然的信任,有利于手工业和建筑工程业的发展。第二个层面,鲁班不仅仅是建筑行业的行业神,同时也是泥匠、瓦匠等很多实践行业的行业神,他是一个多行业的行业神。由于这些行业都认同鲁班文化,以鲁班为先师,以鲁班为信仰,所以这些行业在合作的时候,会有一种天然的亲近感,更有利于他们经常合作、共同完成任务,促进手工业制造或者工程的进展,促进社会经济的发展。另外,鲁班文化中尊师重道的精神,也调解了师生关系。鲁班文化比较讲究尊师重道,比较认可师傅的权威地位,也强调师傅对学生的关照,这样一来,在鲁班文化的框架下,有利于建设和谐的师生关系,做到学生尊敬老师,教师热爱学生,共同实现教学相长,达到一种完美的师生和谐,共同为了学生的成长成才服务。

1.3.6 鲁班文化的传承功能

传承功能是文化重要的功能之一,鲁班文化的传承功能也是鲁班文化重要的功能之一。作为一种行业文化、一种民俗文化,鲁班文化具体来源于民间、来源于实践、来源于应用,非常有利于传承文化中的相关元素。因此,毫不夸张地说,鲁班文化是中华传统文化体系中最具传统传承功能的一部分,也是中华传统文化重要的传承载体。鲁班文化的传承功能可以表现为多个方面,比如说,鲁班文化在做事情严谨方面、精益求精方面,传承了中华传统文化求真务实的精神;再比如说,鲁班文化在培养人的意志力和持久力、专注力方面,也体现了中华传统文化的精髓;再比如说,鲁班文化中的勤学刻苦、刻苦钻研精神,同样与中华传统文化中的凿壁借光、囊虫映雪,不谋而合;再比如说,鲁班文化中的发明创造,也同样丰富了中华传统文化中创新的主要内容;再比如说,鲁班文化中的一些审美元素也丰富了中华传统文化的审美美学特征。这样一来,可以说,中华传统文化是借助于鲁班文化而得以更加丰富地留存下来。

1.4 鲁班文化的信仰

鲁班文化的信仰是鲁班文化中的重要内容,鲁班信仰以鲁班形象为中心,赋予鲁班行业神的地位,将鲁班的角色赋予丰富的内涵,从而形成信仰的偶像,在行业内起到神的护佑,先锋模范的作用。

1.4.1 鲁班信仰的内容

鲁班信仰的内容有以下三个方面:第一,行业神信仰。行业神信仰是我国古代非常常见的信仰,行业神作为一个行业的庇护者,往往以行业庇护者的身份,来给予传统工匠心理的安慰,给予传统工匠安全感,给予传统工匠身份的确认。在一定程度上行业神也是行业的代言人,可以提高行业传统工匠的荣誉感,所以在这个方面,鲁班信仰具有一定的现实功能。第二,与一般行业信仰不相同的是,鲁班信仰融入了实践中。以往的人们往往通过神性给人以心理安慰而存在,但鲁班不同,作为行业神具有非常实际的现实价值,可以融入生产生活实践中,会传播工匠的文化信仰。因此,鲁班信仰中不仅有宗教信仰的意味,更有文化修养的意味,所以鲁班信仰的内容具有双重性。第三,鲁班信仰同时也有理想信仰的部分,因为鲁班作为行业的榜样达到了很高的成就,受万民瞩目、万人崇仰,所以每个传统工匠都希望达到鲁班的高度。在这种情况下,对鲁班的信仰,往往又有一种榜样的力量,因此又有一种人生理想信仰、职业理想信仰的作用。

1.4.2 鲁班信仰的产生

鲁班信仰产生于多方面共同的动力,是多方面因素的综合作用,才使得鲁班信仰从无到有,并且千百年来流传成为民间对行业神的普遍信仰。

1. 时代发展的需要

所谓"时势造英雄",鲁班信仰的产生是时代发展的产物,时代的进步要求鲁班信仰的不断发展。

(1)树立典范和榜样的需要

树立典范和榜样的需要,是鲁班信仰产生的重要原因。春秋战国时期,手工行业传统工匠对技术的不断改进,使得手工行业领域得到较大的发展:第一,手工行业生产分工越来越细。比如,战国初期,各种手工行业技术规范的手册——《考工记》,较为系统地描述了当时手工行业生产形成了细致的分工,已经在分类上系统化;第二,制作工艺形成了一定的规范。比如,《考工记》详细考察了手工艺设备、生产过程、材料选择和制作的各种规范,记述了30余种专门手工行业生产部门;第三,制作工艺有着严格的规范标准。比如《考工记》中,对各种器具的制作有具体明确的尺寸、比例和质量的规定等。

在这个时期,手工行业生产在实践层面上,积累了大量具体的科学技术、经验知识,说明了当时手工行业技术的发展和进步,对规范化以及科学化的要求越来越高。这种分工越来越精细,技术的日益精益求精,急切要求在行业中树立一种典范或榜样。在这种情况下,鲁班这一能工巧匠的代表,就从建筑传统工匠群体中脱颖而出,应运而生,成了建筑传统工匠信仰的对象。在建筑传统工匠树立了典范后,建筑传统工匠把本行业中规定的各种营造法式权威化,一概神化为鲁班祖师的遗留法式,借用祖师鲁班的名义来约束工匠,遵守各种行业规定。建筑传统工匠把鲁班作为一个行业共同的信仰,作为行业神,是凝聚行业组织的精神纽带,体现出一个社会行业的凝聚力、规范性、统一性,木匠、瓦匠等诸多行业对鲁班的这种行业祭祀信仰,成了鲁班信仰不断发展进步的重要因素。

(2)行业的联合与合作的需要

在中国古代,民间手工行业众多,自古就有三百六十行之说。早在周代,已经有严密的分工。严密的分工,使得行业与行业之间存在着差异,使得每行每业均有自己的特点,均有各自信奉的行业神。各个行业之间由于受师承关系的制约以及传统工匠之间的激烈竞争,在技术传授上具有封锁性,使得行业之间在经验的推广、技艺的交流以及生产规模的扩大等方面,遭遇了很多的瓶颈。

随着生产的发展,行业分工越来越精细,制作流程越来越繁复,制作工艺越来越具有难度,许多工艺、工程的完成,仅仅依靠一个或几个行业,难以独立胜任。这就要求行业与行业之间要打破守旧的行规、打破行业藩篱,进一步加强彼此的相互交流和互助合作,齐心协力,共同完成一件工作。这使得行业之间的合作日益加深,为了统一思想、扫除合作的思想障碍,传统工匠都尊崇鲁班为祖师,在鲁班旗帜的号召下,加强合作。比如,在清代北京,信奉鲁班祖师的行业有木作、棚行、石作、瓦作、扎彩业等,时常将这诸多行业统称为"五行八作"。这些行业多与建筑行业有关,其他与建筑行业无关的还有皮箱行等,同样尊奉鲁班为祖师。这些行业组合在一起,大多数是他们都与建筑行业有关,因此信奉共同的行业神——鲁班,有共同的祭祀活动。建筑工程是大工作量的活动,在建筑工程中,必然地要协同工作。在合作过程中,众多行业把各自信仰的祖师神加以合并,因为鲁班是一个发明建筑以及制造工具、器械最多的历史人物,是建筑传统工匠勤劳、智慧的典范,所以成为人们共同信奉的对象。

2. 行业发展的需要

古代从事手工艺的传统工匠地位低下,时常受人欺凌,有了行业神,具有保护和促进本行业的作用。

(1)保护本行业发展的需要

行业神具有一定的社会积极意义。行业神信仰的蔚然成风,通常出现在大变革的历史时期,这个时期,社会制度经常会发生重大变化,旧的社会秩序不断分化,新兴阶级力量不断壮大,社会生产力得到了显著提高。这个时候,社会上各行各业逐渐兴盛,社会分工更细致,逐渐联合形成组织,这些是社会生产力发展的标志。行业神信仰不只是表达了民间的、世俗的各行业传统工匠的精神与愿望,也为传统工匠某种心理追求的民间行为提供了精神以及道德上的保护,即把行业神纳入诸神信仰的体系中,通过以行业神信仰为中介的价值,使之具有伦理道德的合法性前提和合法性基础。

众所周知,行业神信仰是民间信仰的一种类型,是人类信仰史中的一个过程。这种崇拜是随着社会分工和行业的发生、发展以及行业观念的演变,在传统工匠头脑中的确立而出现的。我国有着很多的手工业行业组织,最早的行业组织应该属鲁班行业组织。当时的建筑传统工匠的社会地位低下,建筑传统工匠自愿地加入鲁班会里交纳会费,没有入会的传统工匠,就不允许在当地做工,在一定程度上形成行业准入的效果。鲁班会里一般都会推举一位有地位、有声望的人做首领,会员们称呼他为总管,同时推举若干具体的办事成员,负责制定一系列的行规。可见,鲁班会虽然是非正式的民间组织,但对于传统工匠的从业来说,却有着十分重要的影响。

(2)提升本行业社会地位的需要

在传统封建社会里,各个行业之间有着高低贵贱之分,行业之间存在着上、中、下地位的贵贱之分。手工业传统工匠在当时的社会背景下,地位十分低下,受人歧视。许多传统工匠为了表达本行业的显赫不平凡,为了彰显行业地位的高贵,经常会赋予本行业一个行业祖师。行业祖师或者是一个具有奇特本领的历史人物,或者具有尊贵地位的神灵,对这一人物或赋以神圣的出生经历,或加以夸饰以及美化,从而提高行业的社会地位。在古代,鲁班的信仰者主要是建筑行业的传统工匠,当时建筑传统工匠的社会地位是十分低下的。这种情况下,使得整个行业群体的力量都受到了抑制,难以得到积极、充分的发展。把鲁班这样一位能工巧匠作为建筑行业的祖师共同信奉以后,随着人们对鲁班的普遍信仰,建筑传统工匠的社会地位开始有了改善,整个建筑传统工匠群体也逐渐被社会慢慢地认同。

不仅如此,更重要的是,从事手工行业的传统工匠的地位得到了很大提高,逐渐被社会所认可。传统工匠之所以信仰祖师,其实是希望通过行业神的神性,来提升自己的身份以及地位,这种情况下,就促使地位低下的手工行业传统工匠,希望出现一个地位高高在上的行业神。当该行业的祖师地位高,从事该行业的传统工匠也可以受到当时社会里其他行业人士的肯定与尊重,无形中就提升了传统工匠的社会地位。鲁班的建筑技艺超群,在当时手工行业逐渐发展的时代里,对建筑行业的发展起到了促进的作用。建筑传统工匠效仿鲁班,纷纷加强自己的技艺,这样,建筑传统工匠的社会地位也越来越受到重视。

3. 鲁班传说的促进

在我国,与鲁班有关的民间文化,萌发于进入封建社会的春秋、战国之交,人们把鲁班形象放在特定的社会生活、劳动环境中,采用民间文学特有的比较单纯、强烈的衬托和对比的手法来刻画。在春秋战国后的两千多年漫长的岁月里,人们不断给鲁班文化增添新的情节、思想内容,鲁班文化逐渐成了具有影响力的民间文化,因此,与鲁班有关的民间文化的传承也为鲁班信仰的广泛传播创造了条件。

鲁班传说是鲁班民间文化的核心。鲁班的各种传说历史悠久、地域广阔。从时间上看,从先秦至今;从地域上看,从南到北,从东到西;从民族上看,从汉族到彝族、壮族、白族以及苗族等少数民族。传说的具体内容涉及了各个历史时期的社会的各个层面。关于鲁班的民间传说,受到了全国各民族的喜爱,在我国家喻户晓、妇孺皆知。

可以说,鲁班传说是中华民族最著名的民间传说系列,作品丰富多彩,传播的地域广阔,流传的时间长久,影响极为深远,在我国民间文学发展史上非常罕见。我国的不少高山大川,大山如山东的泰山、河南的嵩山、四川的峨眉山、山西的五台山,大川如黄河三门峡、长江三峡、湖北的桂林、武当山以及广西阳朔的山水等,全国各地的名胜古迹,几乎都有鲁班传说的内涵。许许多多关于鲁班的传说,正是有着这些真实存在的实物、实地,才使得鲁班传说更具有了真实性,更能被人们所相信、所传承、所发展。与实地实物结合,也是鲁班民间文化的一大特征。

鲁班信仰从先秦、汉魏至唐,逐渐形成并得到广泛流传,到明清时期,不仅没有中断,而且在流传中逐渐形成了体系,扩大了影响,很大程度上,是鲁班这个具有神格的人物及其越来越丰富的传说支持,才能够传承发展。

4.古代人们心理的需要

鲁班信仰也是古代人民心理的需要,正是因为心理需要,鲁班信仰才能够广为流传,广为传承。

(1)传统工匠心理的需要

在古籍记载和鲁班传说中,鲁班作为一个济危扶困、伸张正义的形象,帮助手工业的传统工匠解决各行业的困难,甚至保全他们的生命。建筑行业是危险性较大的行业,因此,寻求祖师鲁班的保佑赐福势必不可少,这也是为了增强安全感,增加心理慰藉的表现。直到今天,香港木匠、泥水、搭棚即"三行"的传统工匠,还一致地把每年农历的六月十六日定为"鲁班节"。这一天,"三行"的传统工匠会放假一天,沪港两地的百余位建筑同行都会汇聚浦东,建筑传统工匠白天会到西环青莲台的鲁班古庙去敬香参拜,隆重地祭拜鲁班,晚上就大摆筵席,同行们开怀畅饮,与神同乐。"三行"的建筑传统工匠都认为喝了先师的诞辰酒,祭拜了祖师,可以保佑全年开工、做事都平安无事。

(2)人们心理的需求

鲁班作为信仰对象的功能在早期比较单一,随着鲁班信仰行业的不断扩大,其功能也在不断扩展,负有保护建筑传统工匠安全责任的同时,也具有趋吉避邪、保护户主家宅平安的职责。春秋战国时期,生产力水平低下,人们对自然界的认识程度很有限,所以,出现了某种自然现象,人们无法用熟知的观点去解释的时候,选择了用阴阳五行的观念去解释。民间传说里面的鲁班是墨家成员,建房子的时候,信奉阴阳五行的思想,把阴阳五行的思想融入了其中。古代民间在建造房屋时,要按照一定的工序,这些工序要求建造房屋时,应当遵守礼仪的规定,这些礼仪记录了建造房屋时,如何选择吉日良辰的一些方法,也包括相关的一些符咒。比如鲁班咒,鲁班咒是建筑传统工匠咒歌的一种,用在上正屋梁时由工匠头独诵,要获取神灵恩赐,需要全力讨好祖师而显得虔诚恭敬。此外,民间房屋的主梁正中,必画太极八卦图以迎吉祥。画时,户主焚香秉烛礼拜,木匠恭请鲁班师傅驾临;画毕,以鸡血涂于梁上,以红绸缠于梁间,鸣炮升梁,可以镇宅驱邪。此外,将八卦太极图绘于玻璃镜上,挂在门口,或面对不吉祥之建筑物、人事或方向,作用是可将邪恶反射于他方,以保自身家宅平安等。鲁班在户主和建筑传统工匠两者之间充当不同的角色,一方面,户主认为鲁班会惩罚在修建房屋过程中使用黑巫术的建筑传统工匠,认为鲁班拥有制服木匠巫术的神力;另一方面,建筑传统工匠们又希望通过鲁班的神力来保佑户主家业吉昌,所以这些上梁前的仪式都是想通过对鲁班信仰、供奉来表达自己对房子主人的一片诚意,从而得到户主的肯定与认可,这自然也是人们信仰鲁班的一个重要的原因。

5. 社会教化的需要

鲁班信仰作为中华传统文化的一部分,具有道德的内涵和属性,因此,鲁班信仰也具有社会教化的意义。在中国古代,无论是官方还是民间,还是传统工匠自身,都习惯使用鲁班信仰,来规范工匠的行为,制定质量的标准,并将其赋予道德的意义。在传统工匠教育中,其核心主干为鲁班信仰,将鲁班信仰作为工匠教育的素材、教育的体系、教育的内容、教育的方法融入工匠成长的过程中,因此,鲁班信仰作为一种道德要求,长时期地融入工匠的生产生活氛围,成为职业道德的主干。每当传统工匠从事手工业制作时,总是以鲁班为榜样,以鲁班信仰为背景,以鲁班精神为依托,以鲁班所制定的行业规范为标准来实施工匠制作,从而保证了中国古代手工艺的辉煌。

从工匠对鲁班的称呼也可以印证这一点,鲁班是中国古代手工业,特别是建筑行业的行业神,被传统工匠称为先师,这个称谓具有传授技艺的意思,也有传授道德的意味,因此,具有强烈的道德教化功能。由于鲁班信仰具有广泛的影响,所以在鲁班信仰传播推广的过程中,不仅仅是工匠,连人们也自觉接受鲁班信仰,接受鲁班信仰的教育,因此,在社会教化方面,鲁班信仰不仅仅针对工匠,对广大人民也具有广泛的影响力和受众的广泛性。

以上可以看出,正是鲁班信仰具有社会教化功能,对中国古代传统工匠、对于广大的人们具有教化功能,这才得以使得鲁班信仰流传千百年而经久不衰,成为民间具有广泛认同的精神信仰。

1.4.3 鲁班信仰的传播

鲁班信仰,从产生到传播,也经历了漫长的过程。鲁班信仰从先秦时期开始萌芽,在秦汉时期发展,到唐代盛行,明清时期达到顶峰,并传承至今,随着时间的推移而逐渐演变。目前来看,鲁班信仰在许多方面都出现了扩大化的趋势,成了一种文化信仰。

1. 鲁班信仰的扩大

鲁班从真实的历史人物,到被建筑传统工匠共同尊奉为行业祖师,随后逐渐脱离了人的身份,渐渐被赋予了神性,最终成了中国传统文化中最重要的行业神。在从人到神的转变过程中,鲁班信仰也在不断扩大,这种信仰的扩大,不是一蹴而就的,而是有一个循序渐进的过程。

(1)信仰行业的扩大

鲁班出身于世代建筑传统工匠的家庭,在历史上确有其人,生活在春秋末期到战国初期。最初,人们对鲁班的信仰,是因为鲁班发明了许多建筑行业特别是木匠行业的工具。随后,在人们肯定鲁班的智慧、才能的同时,传统工匠为了提升自己的社会地位,出于"名人效应",木匠行业的传统工匠就推举鲁班为本行业的祖师。鲁班的造诣不仅仅局限于木匠一个行业,还发明了泥、石、瓦等很多民用、建筑用具,因此,木匠行业之外的石、泥、瓦等行业,也把鲁班推举为行业祖师。同时,木雕业、搭棚业、锯木业、造车业以及编织业等行业,也尊奉鲁班为祖师,称他为"鲁班先师",使得鲁班信仰在行业领域呈现出扩大化趋势。

鲁班信仰的扩大化,主要有两个方面的原因:一方面,鲁班在生前是一名能工巧匠,他创造发明了很多对社会有利的工具,并且在建筑工程方面做出了非常杰出的贡献;另一方面,社会上各行各业都有属于自己的祖师、先师以及行业神,既有一个行业信奉多个神灵的,也有多个行业只信奉一个神灵的,由于鲁班极高的知名度,对鲁班的信仰显然属于后者。

(2)信仰地域的扩大

鲁班信仰的形成,有着悠久的历史演变过程,伴随着鲁班信仰的发展与演变,对鲁班的信仰在我国鲁、晋、宁、豫、冀、沪等广大的汉族以及少数民族地区都广泛存在,鲁班信仰的地域也呈现出扩大化趋势。

从古籍记载来看,体现人们信仰鲁班的民间叙事诗、相关传说、民间戏曲等不但在汉族人们中间流传,而且在湘、浙、鄂、桂、黑、赣、吉等省的白族、苗族、瑶族、彝族、壮族以及土家族等许多少数民族地区也广泛流传。很多少数民族的人们,根据鲁班的事迹、传说,创作了很多独具特色的民间叙事诗、民间说唱以及民间戏曲,进一步丰富了与鲁班有关的文本资料,与此同时,也体现出了人们对鲁班的信仰,有利于鲁班信仰的传播。

此外,鲁班信仰在香港、台湾地区也广为流传,在东南亚的一些国家和地区,也有着虔诚的鲁班信仰。这些鲁班信仰是随着中国传统工艺传播以及传统艺人的迁移形成的,使得鲁班信仰在华人圈有着深刻的认同。

(3)信仰家族的扩大

人们对鲁班信仰的传承,并不局限于鲁班一人,对于鲁班家族其他成员也进行了肯定和赞颂,这些内容,在民间传说里有大量的记载。

第一,班母的传说。如鲁班在家做木工,木料上弹墨线,但是因为木料长,一个人忙不过来,常常请母亲出来帮忙,拉着墨线的一头,把墨线弹在木料上。日子一长,耽误母亲纺棉花。有一天,鲁班母亲趁着鲁班不在,把墨线头上,拴了一个木钩,钩住木料的一头。鲁班回来,觉得这办法很好,创造了墨线头上的木钩。木匠为了纪念鲁班母亲的创造,叫它为"班母"。

第二,班妻的传说。鲁班在家做工时,常常叫妻子帮忙,让妻子用手在长板凳上顶着木料,刨起来木料不会动弹。这一天,妻子想起在长板凳上钉个木橛子,顶住木料,于是把这方法告诉给鲁班,鲁班觉得很好,把木橛子钉在长板凳上,代替了妻子的工作。直到今天,木匠为了纪念鲁班妻子的创新,叫这块顶木料的木橛子为"班妻"。

由此可见,鲁班的母亲、妻子的各种发明创造,对鲁班这个典型形象做了补充,成为鲁班信仰的一个有机组成部分。"班母""班妻"事迹的流传,体现出了人们信仰鲁班,不仅仅局限于他自己,还扩大到了他的家族成员。这既是对鲁班创新发明的一种演绎,也是对鲁班神性的拓展。

2. 鲁班信仰的民俗

鲁班信仰不只影响建筑行业,也影响民间文化,并在民间文化中进一步民俗化,成为人们生活的一部分。

(1)鲁班信仰与民俗称谓

关于鲁班的姓名,有很多种说法,在不同的历史时期,对鲁班有着不同的称谓。据古籍记载,春秋战国时期,并没有"鲁班"这一称谓,人们对鲁班这一历史人物的真实称谓,其实为"公输般"。鲁班的许多称谓,源于人们对于"公输般"这一典型历史人物的演绎,是后期加上去的。对于鲁班称谓的演变,总体上可以划分为三个不同的时期:先秦时期,鲁班的称谓主要有公输般、公输子以及公输盘;汉唐时期,鲁班的称谓主要有鲁般、鲁班、公输子、公输、公输般以及班输;宋以后至今,鲁班的称谓主要有公输般、公输子以及鲁班。从三个历史阶段对鲁班的不同称谓,可以看出:公输子、公输般始终都在沿用,鲁班称谓是在先秦以后。当鲁班成为行业神之后,有着很多不同的民俗称谓,当然,都是对鲁班的敬称,比如鲁班被建筑传统工匠称为"祖师""鼻祖""鲁班先师",等等。

(2)鲁班信仰与民间俗语

民间俗语,是日常生活中常说的"口头语",是一种常见的语言现象,反映着时代的风貌和人们的思想感情,几乎人类社会各个领域及日常生活的各个角落,都有民间俗语的踪迹和表现。通常来说,格言、谚语、名言警句、歇后语等都属于俗语的范畴,是人们经验、智慧、教训的凝结。与鲁班有关的民间俗语非常丰富,这也是鲁班民俗化的重要表现。比如,俗语方面:"鲁班门前耍大斧""绳趋尺步""绳之以法""班门弄斧""独具匠心""鲁班锯子郢人斧""规圆矩方""鲁班无木难造屋"。又如,惯用语方面:"绳墨之起,为不直也。"(《荀子》)、"轮匠执其规矩,以废天下之方圆。"(《墨子·天志》)、"大匠不为拙工改废绳墨。"(《孟子·尽心》)、"性恶巧者能生规矩,不能废规矩而成方圆"(《管子》)。

(3)鲁班信仰与鲁班传说

鲁班信仰与鲁班传说两者的关系十分密切,鲁班传说是鲁班信仰的要素,是其传播的重要推动力。从鲁班传说成为鲁班文化信仰,这种发展演变的历史过程,其实就是口头叙事模式影响了人们的文化信仰行为,是积淀民俗心理的演变过程。这一发展过程,体现了传说自身的演化规律,反映了人们心理依托发展的必然结果。鲁班在人们不断对他的传承中,逐渐从普通人演化成为一种鲁班信仰。一方面,文化信仰与鲁班传说一起共同为鲁班文化的传承提供土壤,另一方面,当传说慢慢积淀成为文化信仰后,文化信仰又反过来影响鲁班传说的变化以及流传。

1.4.4 鲁班信仰的价值

两千多年来,人们传颂着鲁班的发明创造,表达着对鲁班的热爱。鲁班也一直被建筑传统工匠尊奉为"祖师",受到人们的尊敬和怀念,成为劳动人民勤劳和智慧的象征。两千多年来,鲁班信仰已经成为中华传统文化的一大特色,鲁班信仰也渗透到了工匠的生产、生活中,渗透到了人们的建筑工程施工中,影响到了人们的方方面面。由于鲁班信仰的存在,使得中华传统手工艺特别是建筑工程,具有一定的崇高地位,使得建筑工程中多了很多民俗的特征。了解鲁班信仰,就应该更深入地挖掘和释放正能量,为中国的制造业发展提供精神动力。

1.对"能"的信仰

鲁班是我国发明之父,也是我国科技发明第一人,同时也是科技创新的第一人。鲁班的发明使人类使用器械的时间,向前跨越了一大步。鲁班依靠其聪明才智和非凡的创造力,从而确立了自己"能工"的形象,成为建筑传统工匠心目中的典范,许多手工业行业的传统工匠也称他为"祖师"。鲁班的发明创造涉及很多行业,如建筑、工艺、机械、车辆、航天以及军事科学等,在人类历史上是很少见的。

鲁班的创造和发明在我国被广泛传承和应用,体现了对技术"能"的追求。根据古籍记载和民间有关鲁班的各种传说,可窥一斑:《墨子》公输篇、鲁问篇;《淮南子》齐俗训;《列子》周穆王篇;《论衡》儒增;《礼记》;《战国策》;《吕氏春秋》慎大览;《物原》;《世本》以及明朝《鲁班经》,都记录发明家鲁班的故事。根据这些古籍中有关鲁班的发明创造的描述,可以知道,鲁班的发明包括建筑领域工具和生活用具方面,如发明木匠工具曲尺、墨斗、钻、刨子、铲子、水准、锯、凿子等;建筑及雕刻工艺方面的用具,如桥梁设计、房屋建造、刻制的立体石质九州地图以及栩栩如生的木刻凤凰等;机械方面的用具,只能用钥匙才可以打开的锁具、起吊重物的器械以及加工粮食的石磨;航天方面的用具,我国军事博物馆关于飞机的诞生介绍中称:两千多年前的春秋时代,著名的建筑工匠鲁班制造过能飞的木鸢;车辆方面的用具,不用人力的木马、在战争器械方面用于攻城用的"云梯"、用于水战用的"钩强"。这些创造和发明,奠定了鲁班伟大发明家的地位,也塑造了鲁班"能"的形象。两千多年来,正是由于鲁班这些了不起的发明创造的出现,才把人们从繁重的体力劳动中解放出来,才使手工业传统工匠的劳动效率成倍提高,加快了手工业的进步,促进了生产力的发展,有力地推动了我国社会的进步。

2.对"巧"的追求

在鲁班成为行业神之后,鲁班的影响力深远而广泛。鲁班的故事家喻户晓,鲁班的声誉影响海内外,被石、木以及泥瓦等整个建筑行业都奉为祖师,被后人誉为"巧圣"。鲁班"巧圣"的形象,体现了人们对"巧"的追求,具体表现在两个方面。

(1)鲁班的巧思

在古籍《墨子·鲁问》记载:"公输子削竹木为鹊,成而飞之,三日不下。"鲁班通过观察天空中飞鸟的形态结构,仿照飞鸟的飞行原理发明的木鸢,相传木鸢就是现在的风筝。鲁班还发明了用以丈量的工具,俗称"鲁班尺"。此外还有墨斗、圆规以及班首等木匠工具,相传也是由鲁班发明,足见鲁班的"巧思"。鲁班的"巧思",主要体现在以下两个方面:一方面,表现在鲁班对日常生活的细致观察以及思考而受到的启发,"实践出真知,钻研出智慧",日常生活中皆学问;另一方面,表现在每个人的成功都是有着内部和外部的影响。鲁班工艺的不断进步,离不开自己的努力以及家人的帮助。鲁班出生于建筑传统工匠的家庭,参加过许多建筑工程劳动,逐渐掌握建筑生产劳动的技艺,积累了丰富的实践经验。这从鲁班受草叶启迪发明木匠工具锯以及受母亲缝衣服的启发发明墨斗的实例中,可见一斑。因此,鲁班的巧思,既有自身的努力,也有环境的影响。

(2)鲁班的巧做

在鲁班的传说中,鲁班建造的卯榫木质架构的建筑、巧夺天工雕刻的立体九州地图以及石凤凰,都彰显了鲁班艺术创作所具有的独特魅力,体现了鲁班无穷的智慧以及精湛的技艺。唐赵蕤《长短经》卷一曰:"公输子依主之材木,以构宫室台榭。"意思是说鲁班根据户主提供的不同木材,充分利用木材本身的特性,进一步结合屋舍的实际情况,将木材的用料在建造过程中发挥到极致。清《授时通考》云:"公输般作磨。"战国史官《世本》称:"公输般作石硙。"《物原·器原》称磐、碾子,也为鲁班制造。清陈元龙《格致镜原》卷四十八云:"公输般作铲。"可见,由鲁班发明的磐、磨、碾、铲都是古代粮食加工的先进器械。鲁班是我国古代科技文化的集大成者,一生创造发明很多,是我国的科技圣人,亚圣孟子曾称赞他为"巧人",当代社会更是把他誉为"巧圣""匠圣"。鲁班为中华民族留下了很多技术成果,值得后人景仰。

3.对"道"的坚守

鲁班信仰同样体现为对道德的坚守,这里的道德主要指职业素养,包括职业道德、职业精神、职业操守、职业规范。在手工业时代,职业道德是传统工匠和客户之间建立信任的重要纽带,是传统工匠规范自我的重要规定,是守业发展的重要标准,对于手工业的促进、社会生产力的发展具有重要的实际意义、道德意义。传统工匠的道德已经超过了个人的修养,成为社会责任感的体现。而鲁班信仰,在一定程度上,让每一名工匠对所从事的职业充满敬畏,能够在鲁班信仰的指导下,完善自我、规范自我、监督自我、审视自我,从而成为一名具有较高职业道德的工匠。

1.4.5 鲁班信仰的功能

在当今时代看来,有关信仰,虽然具有一定封建文化色彩,但是其中所蕴含的正能量依然值得我们去研究、去传承,所以在现今时代,鲁班信仰依然有其重要的时代意义。

1.行业的规范

在今天,鲁班信仰依然在行业规范中具有重要作用。虽然在科技高速发展的今天,人们对信仰中的神性已经有了更为客观的认识,但含有丰富内涵的鲁班信仰依然成为行业的规范。中国某些地方的传统依然延续着鲁班信仰。鲁班信仰的内容应用到建筑行业中,为建筑行业的从业者提了一个醒,提高建筑的规范性。可见,将鲁班信仰应用于手工业中,特别是当代的建筑行业中,保持人们对行业的敬畏、保持对行业的尊重、保持人们对行业程序的认可,起到非常关键的作用。比如,在今天的建筑行业,虽然出现了大量钢筋混凝土,出现了大量的建筑机械,但对工程的质量,对细节的把握,依然应该与古代建筑一样。所以,要求今天的建筑传统工匠,要像古代的建筑工匠一样,尊重他的职业、尊重工程质量、敬畏职业,对工程质量严格要求。这就需要建筑业的传统工匠,对自己的职业、行业有信仰、有追求、有目标、有规范、有榜样。因此,即使在现今时代,鲁班信仰依然可以应用到当今的诸多行业,特别是建筑行业中,成为行业发展的重要规范和精神动力。

2. 传统工匠的培养

鲁班信仰对于传统工匠的培养也至关重要，对今天的人才培养也有着重要的意义。在职业生涯中讲鲁班信仰，有两个作用：第一个作用，给予学生精神目标，让学生依据所提供的榜样，努力奋斗，了解榜样的影响，通过学习榜样、认识榜样，来提升自己的技艺；第二个作用，更加深入地让自己了解自己的行业，更加了解自己行业的操守，这就意味着行业职业精神的问题。建立鲁班信仰对于传统工匠来说，也是构筑职业精神的精神动力。在当代社会，提倡鲁班信仰，并不是将鲁班作为行业神来信仰来供奉，而是将鲁班精神融入职业精神之中，成为广大学生培养自身职业素养、职业道德、职业技艺的精神内核和精神动力，从而在精神上获得极大的提升，培育自己的职业道德，成为一个合格的职业人，并向大国工匠的标准迈进。

3. 工程产品的保障

鲁班信仰的存在，也是对工程产品质量的保障。这个方面的意义主要体现在两个方面：一方面，从传统工匠角度来说，有了鲁班信仰，可以使其更加认真地对待所制造的产品和所施工的工程，保证产品和工程的质量，让客户放心；第二个方面，有了鲁班信仰，广大客户也可以依据鲁班信仰来衡量生产的产品和建筑的质量，并对制造者和施工者产生了一定的信任。应该说，鲁班奖在一定程度上是施工单位与客户达成的共识，是广大从业者与客户共同认同的质量标准，是广大客户与从业者连接的桥梁，也是广大客户与从业者沟通的基础。有了鲁班信仰这个基础，广大从业者与客户之间会达成理解，会统一标准，共同为了工程的质量而沟通和交流，从而促进工程施工的进一步开展。

4. 传承的基因

鲁班信仰是鲁班文化在工匠中、在民间产生的作用效果，是中国古代职业文化的凝聚，虽然有其神性的特征，但更多的是一种文化的传承，因此不应该是一种神性的信仰，而应该看作是一种文化技艺的传承，一种精神的传承。在现今时代，提倡鲁班信仰并不是将鲁班作为一个神来供奉，也并不希望鲁班出现超能力,更不希望鲁班是一个单纯的膜拜偶像,而是要传承鲁班文化的基因,用鲁班信仰作为一种文化信仰,渗透到当代传统工匠,特别是建筑传统工匠的内心深处,要内化于心,传承鲁班文化所承载的内涵,将鲁班文化发扬光大。在这个过程中,要清晰地看到,作为文化基因,要体现在教育中,要让人们认识到鲁班信仰是一种文化信仰,更是一种道德修养,是一种高层次的精神追求。同时,也要认识到鲁班信仰产生于实践中、应用于实践中,要求广大传统工匠特别是建筑业传统工匠在现实生活中、在生产实践中,实现信仰培育,通过实践的承载,发挥文化的作用。

第 2 章 高校"匠心鲁班"育人的提出

在高校提出"匠心鲁班"育人,是高校鲁班文化育人的全新尝试。所谓"匠心鲁班"育人,就是提出一个对标鲁班精神的培养目标,将高校学生培养成为像鲁班一样,具有工匠精神、具有工匠灵魂、发扬工匠文化,具有工匠意义的综合性人才,培养大量的"青年鲁班"。

2.1 高校"匠心鲁班"育人的理论基础

高校"匠心鲁班"育人的提出,具有一定的理论基础,这些理论基础,为高校"匠心鲁班"育人提供了支撑。一般来说,高校"匠心鲁班"育人的理论基础,主要包括以人为本理念、全面发展理念、"三全育人"理念、主体性理念、创造性理念等。

2.1.1 以人为本理念

当今社会,已经由重视科学技术发展到重视以人为本发展的时代,高校教育作为培养社会所需的合格人才、培养社会主义建设接班人的重要事业,应当全面体现以人为本的时代精神。所以,现代高校教育强调要以人为本,把尊重人、理解人、爱护人、重视人、提升人、发展人等元素,全面贯彻于教育教学中,更加关注人的现实需要以及人的未来发展,更加注重挖掘、开发人的自身潜能与禀赋,更加注重人的价值实现和自我实现,并培养人的自信、自爱、自尊、自立自强的意识,不断提升人的精神文化品位以及现实生活质量,不断提高人的生存与发展能力,促使人自身进一步发展与完善。因此,目前看,高校以人为本的基本教育理念已经成为增强国家民族凝聚力的重要手段,成为提升综合国力的重要支撑,受到人们的欢迎。高校"匠心鲁班"育人的提出,要贯彻以人为本的理念,围绕学生的需要和未来的发展开展,而不是简单地模仿鲁班。

2.1.2 全面发展理念

人的自由全面发展是现代教育的宗旨,也是目前高等学校教育的宗旨。人的自由全面发展,更加关注人的发展的完整性、全面性,表现在覆盖面广。在宏观上,人的自由全面发展是面向全体公民的国民性教育,注重中华民族整体的全面发展,表现为大力提高发展全民族的思想道德素质,提升全民族的科学文化素质,提高全民族的知识创新技术、创新能力,增强全民族的凝聚力,增强综合国力。在微观上,人的全面自由发展理念可以促进一个学生德智体美劳的全面发展,促进人格的发展与完善,造就一个全面发展的人。这不仅是由精英教育向现代教育的转变,由专业教育向通识性教育的转变,更是由单一人才向综合性人才的转变。在教育方法、教育内容上,要德、智、体、美、劳五育并举,实现整体育人的教育策略。高校"匠心鲁班"育人的提出,要贯彻全面发展的理念,面向学生的群体、面向学生个人,全面实施工匠文化教育。

2.1.3 "三全育人"理念

"三全育人"理念是当前高校立德树人的重要理念,目前来看,"三全育人"理念对高校"匠心鲁班"育人的影响如下。

1. "三全育人"理念的概念

"三全育人"是一种新的教育理念,是一项完整的育人系统,包括下面三个基本部分:第一,全员参与。"三全育人"中的全员参与,是指在资源过程中的人员要素具有丰富性的特征,是由学生、学校、社会、家庭四个方面构成。在"三全育人"中,不仅学校是主体、家庭是主体、学生是主体,同时社会教育的内容因素也比较多,比如社会环境、媒体教育、优秀校友、榜样力量等,学校环境中也包括了学校的校园环境和教育环境等,学生教育包括了学生的自我教育和家庭教育等,不管是哪种教育,只要对学生的发展有一定的促进作用,其主体都可以认为是"三全育人"的主体。第二,全方位教育。全方位教育是"三全育人"教育理念在育人过程中的空间要素与资源要素。目前,高校的主要目的是推动学生发展,成长成才,全方位教育的目的是将学生培养成能够满足社会主义现代化建设要求的优秀人才,多角度来看,这种要求不但需要学生具有良好的专业能力,还要求教师拥有良好的心理品质和道德品质,学校具备强大的综合素质,所以,在培养学生的时候,要积极调动学校的各方面要素,对学生进行综合性培养、全方位培养。第三,全过程育人。全过程育人是指"三全育人"理念重在育人过程中的实践要素。在高校的学习过程中,学生往往会历经迷惘、彷徨、放松、焦虑等心理变化,高校应该抓住这些变化节点,抓住学生的心理发展规律,全程对学生开展德育教育,促进其健康成长。"路遥知马力,日久见人心",教育的开展绝非一朝一夕,高校教育,既要实现教学目标,也要落实人才教育,在培养学生健全人格及健康心理的同时,不要奢求一蹴而就,要有耐心、有韧劲儿、有决心,全程帮助实现学生的成长,同时要根据高校学生个性的不同、差异的不同,对高校学生进行个性化教育,加大重点人群的教育。

2."三全育人"教育理念的育人意义

"三全育人"教育理念育人意义如下。

(1)为我国育人的发展提供理论依据

近年来,我国多次提出要培养高校学生综合能力的要求,但是,目前的教学教育模式经过很多年的发展已经根深蒂固,尤其是重视专业素养和实践能力的高校,对于立德树人重视极度缺乏。所以,当前的宣传对高校的影响是不足的,"三全育人"教育理念从教育方法、教育理论、教育要求各个方面,对我国立德树人工作进行了明确要求,因此,要求达到"三全育人"教育理念就必须重视立德树人工作,所以"三全育人"工作对我国立德树人工作的意义是深远的。

(2)为实现立德树人的根本教育目标提供保证

2018年,习近平出席全国教育大会并发表重要讲话,强调了将立德树人融入思想道德教育、文化知识教育以及社会实践教育各环节,讲话内容从我国现代教育现状出发,指出了目前教育的不足。近年来,我国培养出的人才中,高能低德的现象很严重,社会各个行业也体会到了这一现象所带来的诸多危害,所以社会要从自身角度出发进行调整,各个行业也对人才的要求进行了调整,从最初只看重专业能力,到现在对综合素质的要求,对人才的评价也在不断改变。所以,在现阶段,我国教育将立德树人作为新时代教育的根本目标是符合时代发展要求的。实现立德树人这一目标要有科学的理论指导,"三全育人"是我国新的教育制度理论,"三全育人"融入育人工作中,可以有效实施立德树人工作。

(3)为培养符合社会需求的高校学生提供教育方向

"三全育人"是理想的教育教学模式,全方位的教学工作可以为学生提供优良的学习氛围和学习环境,使得家庭、学校和学生每个方面都能作为教育者对学生施以正面影响,同时,将三全教育融入高校立德树人中去,贯穿到学生的学习、生活过程中,在深刻认识学生成长规律的基础上,进一步促进高校学生的德智体美劳全面发展,培养每个高校学生应具备的基本素养,可以促进学生进一步成长成才。

高校"匠心鲁班"育人的提出,要贯彻"三全育人"的理念,将鲁班文化教育常态化,全面实施工匠文化教育。

2.1.4 主体性理念

总的来说,现代教育属于一种主体性教育,因为,现代教育充分肯定尊重人的主体价值、尊重人的主体性,充分发挥调动学生的主体性,充分发挥学生的主观能动性,利用外在客观的教育资源、教育方法、教育体系,将教育内容转化为学生自身的能动活动。所以,教育的主体性理念尊重每一位学生,以学生为中心,教育围绕着学生开展,最大限度开启学生的学习动力和内在潜能,确立学生的主体地位。在学校教育中,要重视学生,由被动地教变成主动地学，变成以学生为主体和中心，使学校教育过程成为学生自主自觉的活动，在教育的过程中完成自我建构。所以，现代教育要求改变以教材为中心、以教师为中心、以课堂为中心的传统模式，转化为以活动为中心、以实践为中心、以学生为中心的现代教育模式，倡导成功教育、快乐教育、自主教育和研究性学习等。主体性的教育模式，释放学生的学习热情，培养学生的学习兴趣、习惯，提升学生的自主学习能力，使学生积极主动地、生动活泼地参与到学习过程中。高校"匠心鲁班"育人的提出，要贯彻主体性的理念，把学生当作教育主体来对待，才能实现鲁班文化的育人功能。

2.1.5 创造性理念

传统教育向现代教育的转型转向，很明显的一个特征是实现知识性教育向创造力教育的根本转变。倡导、彰显人的创造性作用，将人的创造潜能作为具有价值的不竭之源。因此，现代教育强调在教育教学过程中，以点拨、引导、启发、开发、训练等手段为媒介，提升学生的创造能力，将教学过程作为一个高度创造性的过程。现代教育主张采用创造性的教育教学手段、实施良好的教学艺术、营造有效的教学环境、挖掘培养人的创造性，进而培养创新型人才。高校"匠心鲁班"育人的提出，要贯彻创造型的理念，把学生当作创造主体来对待，充分挖掘、启发学生的创造潜能，才能实现鲁班文化的育人功能。

2.2 高校"匠心鲁班"育人的基本内涵

高校"匠心鲁班"育人，是高校鲁班文化育人的具体实施，是以鲁班为榜样，融入现代职业教育元素，以培养"现代鲁班""青年鲁班"为宗旨的教育，具有鲜明的育人特色，其内涵如下。

2.2.1 高校"匠心鲁班"育人的含义

所谓高校"匠心鲁班"育人,顾名思义,就是充分利用鲁班文化,对高校学生进行职业教育,全面提升学生的职业素养,是高校文化育人的一部分。充分认识高校"匠心鲁班"育人的含义,要从三个方面进行认识:第一,高校"匠心鲁班"育人要以鲁班文化为核心。鲁班文化是中国独具特色的传统文化,是基于职业领域的传统文化,因此,鲁班文化在大学教育阶段具有重要的意义,对学生未来的职业发展意义重大,认识到这一点,就应该明白,在高校教育中,要重点提倡鲁班文化;第二,高校"匠心鲁班"育人,其重点是育人。因此,高校工作要注意文化育人的特点,充分利用文化育人感染、熏陶等方面的特点,发挥文化育人的作用,而不是把鲁班文化作为一门机械的课程来使用。第三,要将鲁班文化育人与中华传统文化教育结合在一起。因为鲁班文化具有育人的功能,其功能与中华传统文化具有高度的相似性,而且鲁班文化具有中华传统文化的独特属性,因此,将鲁班文化育人与中华传统文化教育结合在一起,既是鲁班文化的精准定位,也是鲁班文化内涵的真实显现。

2.2.2 高校"匠心鲁班"育人的内容

通常来说,高校"匠心鲁班"育人的内容主要集中在思想层面。因为就科技层面上来说,鲁班的技艺和发明创造年代久远,已经不符合现代生产要求了。但鲁班的精神内容,却值得学习、传承与发扬。

1. 鲁班的敬业精神

在高校"匠心鲁班"育人中,要突出敬业精神的内容,作为内容的重要核心。鲁班敬业精神也是高校"匠心鲁班"育人的标签,是高校"匠心鲁班"育人的目标所在。历史上的鲁班是一个非常敬业的人,对待工作一丝不苟、兢兢业业、追求完美。正是由于鲁班的敬业精神,才使得他拥有高超的技艺、拥有了持续发展的能力,才会拥有辉煌灿烂的成就,被后人所歌颂所信仰,成为行业崇拜的偶像,成为中国历史上最重要的行业神。

2.鲁班的尊师精神

在高校"匠心鲁班"育人中,要突出鲁班文化中尊师重道的精神。鲁班文化是中华传统文化的一部分,蕴含着中华传统文化的美德,尊师重道是中华传统文化的美德,鲁班文化中也存在着尊师重道的内容和元素。在古籍记载与传说中,鲁班本人非常尊师重道,他向师傅学艺的时候,谨遵师傅教诲,对待师傅极为尊敬。所以,在鲁班的影响下,中华古代传统工匠都对师傅有着很深的敬畏,尊重师傅,听师傅教诲,认真地学习师傅所传授的技艺。这种尊师精神成为中国工匠传承的重要纽带和力量,因此在高校"匠心鲁班"育人中,要充分利用鲁班文化中尊师的精神,通过教育学生,进一步协调师生关系,促进高校教育的发展。

3.鲁班的奉献精神

在高校"匠心鲁班"育人中,要突出鲁班的奉献精神。在古籍记载和传说中,鲁班是一个讲究奉献的人,是为人们服务的人,是一个乐于助人的人,这也是鲁班千百年来被人歌颂的重要原因。鲁班一生热爱工作、兢兢业业、造福邻里、造福乡梓、造福人民,他的智慧惠及了很多人,他的汗水帮助了很多人,他的发明创造方便了很多人,这也是鲁班精神的精华所在。鲁班一生讲究奉献,最终成为千百年来工匠信仰的偶像,民间传说的行业神,在中华民族的历史上熠熠生辉。在今天,在社会主义新时代,在为人民服务的感召下,应该教育广大高校学生向鲁班学习,用自己的聪明和才干奉献行业、奉献社会、报效祖国,实现自己的人生价值。

4.鲁班的创新精神

在高校"匠心鲁班"育人中,要突出鲁班的创新精神。鲁班千百年来被人广为传颂,被神化成为工匠们的偶像、建筑行业的行业神,成为中华职业道德的典范,除了因为他辛苦努力、兢兢业业、热爱学习、勇于钻研之外,还因为鲁班的创新精神。鲁班是中国古代创新发明的集大成者和开启者,是一位著名的发明家,鲁班所具有的创新精神、创新意识、创新能力、创新方法,在中国历史上极具代表性。因此,在高校"匠心鲁班"育人中,要充分发挥鲁班的创新精神,让学生向鲁班学习,勇于创新、敢于创新、乐于创新,做创新型人才，实现自己的人生价值。

5.鲁班的学习精神

在高校"匠心鲁班"育人中，要突出鲁班的学习精神，鲁班之所以能够获得高超的技艺，主要在于鲁班认真学习、刻苦学习、努力学习、坚持不懈地学习。在古籍记载和传说中，鲁班是学习的榜样、是努力的榜样、是刻苦钻研的榜样、是勤奋的榜样、是奋斗的榜样。在鲁班学艺的故事中，鲁班将学习精神淋漓尽致地发挥出来。对于学习，鲁班有信心、有耐心、有决心、有韧劲，这也是鲁班学有所成的重要原因。在高校"匠心鲁班"育人中，学习鲁班的精神，更多的是学习鲁班的品质、鲁班的方法，将鲁班的学习品质融入现实中，鼓励和鞭策高校学生努力学习、认真学习、刻苦学习，帮助高校学生提高学习质量。

6.鲁班的求精精神

在高校"匠心鲁班"育人中，求精精神也是对质量的保障。技艺高超的工匠不仅要具有高超的技艺，还要具有精益求精的精神。在古籍记载和传说中，鲁班对于工程的质量是十分重视的，他不仅对自己的工程质量非常重视，对身边人的工程质量也很重视，体现了古代人民求精的精神，体现了古代人民对质量的重视。这也是千百年来传统工匠的立身之本，一直重视质量，才能拥有良好的声誉，才能制造出美轮美奂的手工艺品。将高校"匠心鲁班"育人中，可以提高学生的质量意识，在学习中、在工作中，注意产品质量，将鲁班文化应用到实处。

2.3 高校"匠心鲁班"育人的基本特征

高校"匠心鲁班"育人是鲁班文化育人的具体实践，一般来说，高校"匠心鲁班"育人具有如下的基本特征。

2.3.1 主体多样性

高校"匠心鲁班"育人属于文化育人的范畴，同样，也属于高校隐性课程育人的范畴,因此,高校具有主体多样性的特点,一般来说,高校"匠心鲁班"育人,具有以下几个育人主体:第一,高校管理者。高校管理者通过组织活动进行育人,这些活动往往是带有一些竞赛性质和奖励性质的活动;第二,德育课教师。德育课教师通过德育课程将鲁班文化融入教育教学之中,在课堂上进行育人活动,这是鲁班文化育人的重要路径,也是高校德育课的应有之义;第三,专业课教师。专业课教师将鲁班文化融入专业教育中,通过课程思政的实施,开展鲁班文化育人的活动;第四,高校辅导员。高校辅导员主管学生的日常生活,在管理服务中渗透鲁班文化,进行鲁班文化育人。第五,团学干部。团学干部通过日常的活动组织将鲁班文化融入其中,进行高校鲁班文化育人。

2.3.2 内容丰富性

育人内容是育人活动中的重要构成要素,育人过程中要通过内容传承价值体系和规范实践体系,不同时期,育人内容具有一定的差异性。在中华民族漫长的文明史上,中华民族形成了独具特色的中华优秀传统文化,鲁班文化是中华优秀传统文化的一部分,同时是新时代中国特色社会主义先进文化。鲁班文化传承了中华优秀传统文化以及中华民族精神,是优质的育人教育资源,蕴含着丰富的教育要素,包括爱岗敬业、创新进取、求真务实、精益求精等诸多内涵,是目前国家大力倡导的工匠精神的精神内核,是高校育人应该积极秉持的重要的职业教育理念,是新时期社会主义精神文明建设的强大保障,也是社会主义核心价值观体系的有力支撑。

鲁班文化中有着丰富的育人元素,是高校开展育人活动重要的资源。鲁班文化在中华优秀传统文化继承和发扬的基础上,紧跟时代步伐,因此,具有承袭传统、与时俱进的优良品质,具有强大的时代生命力,能得到创造性转化,得到创新性发展。鲁班文化以实物形式和精神形式两种形式存在。实物形式,如像鲁班故居、鲁班庙、鲁班祠、鲁班文化园,以及留存的鲁班发明,等等,这些物质文化直观生动,有助于展示。同时,鲁班文化还蕴含着宝贵的精神财富,主要体现在鲁班刻苦学习、勇于探索的创新意识,甘于付出、爱岗敬业的奉献精神,严守规矩、求真务实的科学态度,精益求精、力求更好的精神理念等诸多方面。鲁班文化为高校育人建设提供了物质资源和精神资源,丰富了高校育人教育的内容,成为高校的优质育人资源。

2.3.3 渠道多元性

目前,我国倡导全员育人、全方位育人、全过程育人,也就是"三全育人"理念,这也是当前育人的新的目标和指向。因此,丰富学校的育人内容,创新学校的育人载体势在必行。鲁班文化作为中华优秀传统文化的重要部分,是一种具有鲜明中国特色的先进文化,具有中国气派的育人功能,是目前高校育人活动的重要内容,也是高校育人活动的有效载体。同时,将鲁班文化融入高校育人教育也是一种载体创新,可见,将鲁班文化作为载体,开展育人活动,可以丰富学校育人的手段,促进学生的成长成才,对学生的未来发展以及国家国力的增强均有积极的作用。高校"匠心鲁班"育人中,可以通过课程、实践、网络、活动等多种渠道实施、开展,发挥高校"匠心鲁班"育人的功能,将高校"匠心鲁班"育人与"三全育人"结合,开辟多种育人渠道。

2.3.4 影响广泛性

育人是一种育德的实践活动,育德活动的主体就是育人主体。在高校育德的过程中,有教师育人主体和学生育人主体两类主体,学生育人主体也会发挥很大的作用,甚至在一定程度上影响教师。同时,在不同行业中,都有自己的育人标兵,很多育人标兵,甚至是受人敬仰的大国工匠,他们用自己的实际行动,影响了更多的人。因此,从影响角度来说,这些大国工匠和行业标兵也是育人主体。鲁班文化包含着基本的职业素养,对从业者的行为实践有着强大的规范功能,因此,社会从业人员、教育者、受教育者,均可成为高校"匠心鲁班"育人功能的主体,积极参与到鲁班文化功能的合理开发以及有效利用中来。在这种情况下,高校"匠心鲁班"育人随着主体的增多,影响力开始增大,往往受教育者也可以转化为教育者,因此,高校"匠心鲁班"育人的影响力开始以传播、裂变的形式扩展开来,从而具有强大的影响力。

2.3.5 影响持久性

文化对人的影响持久深远、潜移默化。文化虽然潜移默化地影响人,但并非强制性,在长期的影响中,帮助人形成了世界观、人生观和价值观,使得世界观、人生观、价值观具有稳固性以及方向性,影响人的全面发展。鲁班文化是中华优秀传统文化,通过传说、实践、传播融入了人们的生活生产中,对丰富人们的精神世界,以及培养人们的健全人格,发挥着不可替代的作用。可见,鲁班文化影响着人们的道德认知和发展,是中华传统道德教育的强大推动力。与此同时,鲁班文化也在积极引导人们的创新精神,鼓励人们的发明创造,要求人们养成良好的行为规范,以此,将优秀道德文化内化于心,外显于形。

2.3.6 与时俱进性

高校"匠心鲁班"育人具有与时俱进性。鲁班文化是中华优秀传统文化的一部分,它产生、发展、积淀形成的主要事迹是古代生产力高速发展的时期。传承和发扬鲁班文化,必须将鲁班文化与现代社会生产相结合,传承鲁班文化的精髓部分,改造鲁班文化的落后部分,让鲁班文化与今天的生产力相适应,让高校"匠心鲁班"育人活动,摆脱中华传统文化中较为束缚的部分,为新时代高校文化育人服务。鲁班信仰中有与工匠精神相吻合的精神元素,也有一些封建文化中的仪式感或者糟粕的部分,这个时候,就要去掉封建文化中糟粕的部分,保留鲁班文化中的仪式感,让鲁班信仰成为一种文化信仰,为高校文化育人服务。

2.4 高校学生职业素养存在的问题

高校"匠心鲁班"育人的核心作用,是提升高校学生的职业素养,目前来看,高校学生在职业素养方面,存在着一系列的问题,影响着学生的成长成才。

2.4.1 鲁班工匠精神认知模糊

鲁班工匠精神是指以鲁班为代表的中国传统工匠精神,是中国的工匠精神,也是高校"匠心鲁班"育人的主要内容。目前来看,在高职教育中,高校学生对鲁班工匠精神的认知比较模糊。

第一,很多高校学生对鲁班工匠精神的重要性认识不足。很多高校学生认为鲁班工匠精神在实际工作中没有意义,很多高校学生受实用主义影响,更多地看重利益,看重产量和销售额,看到的是规模和效益,而不是产品的质量。很多高校学生不看重自身的付出,甚至把鲁班工匠精神看作是多付出、多努力、费力不讨好的行为。在这种思想的影响下,很多高校学生甚至拒绝和排斥鲁班工匠精神,把鲁班工匠精神看成冥顽不化甚至是累赘,由此可见,很多高校学生对鲁班工匠精神缺乏足够的认识。

第二,很多高校学生对鲁班工匠精神的认识具有片面性。很多高校学生认为鲁班工匠精神是传统工匠要考虑的问题、是手工业领域的事情、是古代的事情,与现代工业生产格格不入,认为现代产业工人以机器生产为主,根本不需要鲁班工匠精神,没有认识到现代工业同样需要鲁班工匠精神。实际上,现代产业工人没有把鲁班工匠精神作为重要的要素融入其中,在一定程度上,产品的质量提升与更新换代就失去了精神力量。正因为很多高校学生没有意识到这一点,所以很多高校学生一提到鲁班工匠精神,甚至有嗤之以鼻的感觉。

第三,很多高校学生对鲁班工匠精神的认识偏颇。很多高校学生一提到鲁班工匠精神,总是想到了要做细做精,事实上鲁班工匠精神的内涵非常丰富,不仅仅是精益求精,还包括爱岗敬业的态度、包括创新发明的精神,而这些往往被高校学生忽略了,造成高校学生在认知中出现问题,对待鲁班工匠精神片面理解,无法体会到工匠精神的真正内涵,造成不能很好地学习、传承和发扬鲁班工匠精神,也影响了自身的职业发展。

2.4.2 职业选择功利色彩浓厚

在职业选择方面,高校学生的选择充满了功利色彩。当今社会是经济高速发展的社会,虽然我们也提倡艰苦奋斗、无私奉献,提倡到祖国需要的地方去,但高校学生在涉及择业的时候,却不可避免地考虑到了待遇等诸多方面。目前高校学生择业的时候,主要考虑的方面有以下几个。

第一,就业地点。高校学生就业更愿意去大城市,比如北京、上海、广州、深圳等一线城市,或者区域中心城市,往往忽略自己的行业和职业优势,只是考虑去大城市就业。第二,企业名气。目前高校学生在就业方面,往往注重企业的名气,而不注重自己的专业对口;往往选择一些有名气的外企、三资企业、大型国企,诸如世界500强企业之类,去那些企业中提高自己的职业声望,或者一股脑地涌入金融证券等行业,不顾自己的专业特长,选择目前比较热门的行业进行就业。第三,薪资待遇。高校学生在选择职业的过程中过分注重薪资待遇,往往只选择高薪的待遇,对自己专业的特长发展考虑不够,并没有完全按照自己的专业特长去选择职业。

这样一来,使得高校学生职业选择的功利色彩非常浓厚,造成了很多问题。第一,事实上,很多行业关系到国计民生,对国家发展具有重要的意义,关系到我国的国际地位,高校学生在选择就业的时候,没有考虑到这些行业对国家发展的重要意义,如在制造业2025的计划中,很多制造业的产业更需要高校学生来付诸实践,但遗憾的是,很多高校学生没有从国家角度出发,没有选择制造行业,造成制造业人员不足。第二,很多高校学生从功利角度出发,反而耽误了自身的发展。很多高校学生放弃了需要他的地方、需要他的单位、需要他的专业、需要他的岗位,扎堆大城市,扎堆热门行业,面临着激烈的竞争,很难脱颖而出,实现自身的人生价值,经济收益也会受到影响。第三,很多高校学生从功利角度出发,哪个地方好就去哪个地方,哪个行业好就去哪个行业,哪个单位好就去哪个单位,造成难以在一个地方、一个行业、一个单位、一个岗位深耕,"滚石不生苔",其结果是职业发展的上限很低,很难积累有效的经验和资源。

2.4.3 高校学生职业道德要求较低

高校学生目前职业道德要求较低,是一个比较常见的现象,不仅影响着学生的个人发展,也影响着行业水平、国民经济的发展。主要体现在以下几个方面。

第一,爱岗敬业的问题。爱岗敬业的职业精神,主要反映的是从业人员,尊重自己所从事的职业,热爱自己的工作岗位、勤奋努力、尽职尽责,这也是社会主义职业道德最基本的要求。但目前来看,高校学生对爱岗敬业表现淡漠,很多高校学生仅仅把岗位当作一个谋生的工具,而没有真正的热爱岗位,在岗位工作上得过且过,敷衍了事;还有很多高校学生抱着骑驴找马的态度,有频繁跳槽的倾向,对目前自己的岗位并不重视,也不上心,因此爱岗敬业问题也是目前高校学生职业道德要求较低的一个明显表现。

第二,诚实守信的问题。所谓诚实守信,是职业道德中核心的部分,是对从业者最基本的要求准则,是对从业者在活动中应该诚实劳动、合法经营、讲究信誉、信守承诺的基本要求。目前来看,在这个问题上,高校学生表现得并不好,总体来看,对诚实守信的要求较低。好多高校学生诚实守信方面没有做到真正的诚实,在工作中出现了偷奸耍滑、偷工减料的现象。在守信方面,很多高校学生在上班的时候很容易迟到,在工作过程中容易失信、违约,给用人单位留下不好的印象。

第三,办事公道的问题。办事公道也是职业道德的重要要求,所谓办事公道就是要求从业人员在执业过程中公正不谋私利、公平不徇私情、不假公济私。这个问题在高校学生中表现得并不突出,一般来说,目前的高校学生还能基本能做到办事公道。

第四,服务人民的问题。所谓服务人民就是在职业活动中的一切,以人民利益出发、为人民办事、为人民着想、为人民提供高质量服务。目前,受利益影响和功利主义影响,很多高校学生过于考虑自己的问题,表现出自私自利的思想,没有更多地考虑他人的利益,缺乏奉献精神,对工作拈轻怕重、对利益想多拿多占,没有把集体的利益、人们的利益、人民的利益放在第一位，这就使得目前整体的职业道德水平处于一种下滑状态。

第五，奉献社会的问题。所谓奉献社会，就是要求从业人员在自己的工作岗位上树立奉献社会的精神，兢兢业业工作，为社会、为他人做贡献，这是社会主义道德中高层次的要求，体现了社会主义职业的最高目标。在奉献社会方面，目前高校学生存在一些不足：一方面，很多高校学生对自己的能力信心不足，没有把自己的能力与奉献社会完全结合起来；另一方面，高校学生生活价值的指向不同，没有把自己的价值实现与奉献社会连接在一起。

2.4.4 高校学生职业责任感缺失

责任感是个体对其应该担负的责任和履行的义务所持的一种积极的、自觉的态度体验，是个体内化的思维方式和行为习惯，与一定的行为、事件及其后果密切相关，对其后续行为产生直接的影响。责任感的内涵丰富而多样，至少具备两方面的基本含义：一是个体对自身行为及行为后果承担责任；二是对他人的责任。责任感通常意味着付出一定的努力或者代价，职业责任感属于职业道德的范畴。在我国传统职业道德中，倡导的是重义济世、敬业乐群的职业责任伦理精神，针对职业道德的研究跨越时代很大，在目前人们心目中，敬业乐群、公平竞争、团结合作的职业责任伦理已成为共识。

目前，高校学生的职业缺乏主要表现在以下几个方面。

第一，角色意识模糊，使责任感缺乏主体支撑。人的一生中具有多重社会关系，人的社会角色具有多样性。如果把人的活动领域划分为学习生活、家庭生活、职业生活、社团生活等领域的话，那么人必然和可能承担的社会角色就是学习角色、家庭角色、职业角色、社团角色等。高校学生不清楚、不能理性审视自己所扮演的社会角色，职业角色意识模糊，使职业角色所赋予的职责和义务缺乏其主体的支撑，表现为责任认知不清，喜欢推卸责任，不爱主动承担责任，遇到责任容易逃避。

第二，角色实践不力，使责任感缺乏载体支持。角色实践即角色行为，是角色扮演的实际过程或活动。高校学生由于职业角色意识模糊,意识不到应承担的各种职责和义务,考虑择业的因素时,更多地考虑经济收入高、工作条件轻松、稳定的工作,出现一部分高校学生无业可就,一大批单位要不到人的怪现象。这种人生动机偏低、目标功利化的现象,是高校学生职业责任感匮乏的表现,使其不能履行好自身的角色,表现消沉。

第三,角色价值物化,使责任感缺乏意义诉求。人只有在意识到并且认同、接受这种要求,把它内化为内心的自觉意识,才能成为责任感。责任是外界条件对人的客观要求,是对人行为的外在约束和规范。在价值标准上,高校学生把物质利益的满足提到一个重要的位置,有些高校学生不想通过艰苦努力、诚实学习来实现自己的愿意,抱着侥幸心理和投机心态;有些高校学生过于计较名利得失、急功近利。

2.4.5 高校学生学习态度消极

对于高校学生来说,学习态度是不直接参与但却会对智力及认知活动产生影响和制约的因素,是一种心理层面的因素,对于个体成功与否至关重要。具体来看,高校学生学习态度有消极的一面,表现在以下几个方面。

第一,学习兴趣不高,厌学情绪突出。对于高校学生来说,学习的内生动力在于兴趣,拥有兴趣才能够保证学习的直接性和持久性,为高校学生未来发展打下良好的基础。但当前很多高校学生的学习兴趣不足,仅仅有兴趣参与自己所喜欢的课程,大部分高校学生实际上是被动学习,并不是发自内心兴趣而学习。由于基础不牢固,高校学生往往会因教师讲授缺乏生动性等因素而厌倦学习,导致在高校学生中存在厌学情况。

第二,学习相对随意,毫无计划性。对于高校学生来说,能够建立一个明确的学习目标,可以对其产生潜移默化的影响,可以对高校学生的学业发展具有促进作用。当前,一部分高校学生能够结合自己实际情况来制订学习计划,对于时间的浪费也比较少,有着明确的学习目标。但很大比例的高校学生学习毫无计划性,学习的随意性较强,即便是制订了学习计划,也不能够严格执行,学习概念不强,学习态度不够端正,对于学习目标的重要性缺乏正确认知。

第三，克服困难态度良好，却依然存在等待心理。高校学生在学习过程中遇到困难时，解决问题能力良好，普遍能够想办法克服困难，仅有少部分高校学生抱有等待心理，希望得到他人的帮助，也有的高校学生对困难不予理睬。总体来看，高校学生面对困难没有选择逃避，但解决问题能力有待增强，这就需要家庭和学校的积极配合，以促进高校学生在这一方面获得更好的突破。

第四，完成学习任务独立性较强，却存在严重逃避心理。在高职教学过程中，作业的布置可以对所学知识进行巩固，对高校学生问题分析、解决能力进行有效锻炼。很大一部分高校学生能够按时完成作业，可以保证作业完成的独立性，此外，受到任务难度的影响，小部分高校学生存在抄袭作业的情况，是不负责任的，部分高校学生学习自觉性和目的性不强，逃避课业和学业的现象屡见不鲜。

第五，参与学习活动积极性不高，学习氛围有待提升。就高校学生学习态度来看，学习氛围有待进一步提升，参与学习相关活动的积极性不高，仅有一小部分高校学生自主参与学习相关活动，而大部分高校学生都是偶尔参与学习相关活动，甚至有一些高校学生，是被迫地参与学习相关活动，不利于高校学生组织能力、问题解决等方面能力的强化。

第六，考试态度总体不乐观，存在投机心理。高校学生往往是为了考试而学习，在学习中存在一定被动性，临时抱佛脚的情况比较普遍，考试态度总体上不够乐观，甚至存在投机心理。受到社会因素的影响，部分高校学生认为考试可以走捷径，将社会交际手段带入学校，其往往加大在老师方面的感情投资，高校学生对待考试的态度有待进一步改善。

2.5 高校学生职业素养问题归因

造成目前高校学生职业素养相关问题，有多方面的原因，总的来说，有以下几个方面的主要原因。

2.5.1 课程体系设置不合理

其一,高校课程体系设置不合理。课程体系中,专业理论课程过多,实践课程较少,课外实践课程不足,很多实习依旧局限在学校内进行,很多未在真实的工作环境之中,应当采用现场教学方式向高校学生传授情景化与实践性的应用技艺。其二,在课程内容与就业岗位匹配方面,契合度与对接明显不足。在产业结构调整、市场变化迅速的信息化与智能化时代,高校课程建设明显落后于就业市场,对高校学生能力、情感、技艺、价值、知识的要求不高,导致高校学生在就业市场中缺乏准入性与竞争性。其三,课程与社会需求脱节。没有及时对外在就业结构与产业人力需求做出科学评估与调研,在课程资源建设过程之中,存在盲目性与滞后性,课程内容缺乏人文性,缺乏以科学技术为导向,容易导致其知识结构过于陈旧,使得高校学生无法了解本学科最前沿以及最新发展成果。其四,高校学生成绩评价不合理。对于高校学生道德养成、精神塑造等无法量化的因素,高校用期末考试、高校学生平时作业等终结性评价方式来考核高校学生,尚未建立科学评价标准。

目前看,将鲁班工匠精神的"匠术""匠心"和"匠德"三大部分,与专业课程的设置有机结合起来,是高职教育实施的重要路径。所设置课程内涵应该包括"匠术""匠心""匠德"三个方面,高校鲁班工匠精神培育的课程体系应该包括公共基础课、专业技艺课、实训操作课和素质拓展课四大类。公共基础课,用来培养高校学生基本的人文素养、促进人生观、世界观、价值观的正确形成,提升高校学生对职业岗位的了解与认知等。素质拓展课是跨专业选修课,促进高校学生综合素质的全面发展。公共基础课、素质拓展课主要是用来培养高校学生的"匠心"和"匠德"部分,注重的是通过课程进行"匠心"与"匠德"的培养,强调教学方式与教师自身作为教学资源。专业技艺课和实训操作课可以培养行业通用能力和岗位特定能力,用来培养"匠术"部分,在"匠术"的培养过程中,将"匠心"与"匠德"有机渗透进去,实现鲁班工匠精神中职业技艺与职业品质、职业道德的衔接培养。

2.5.2 师资匠心精神不够

教师是高校现代鲁班工匠精神培养的重要支撑力量,教师的教学理念、教学方法将直接影响到高校学生鲁班工匠精神培养的实际成效。教师不仅是课程体系构建的主要参与者,也是教学内容的主要传授者。高校只有具备一支高水平的师资队伍,才能真正培养出具有鲁班工匠精神的高素质、高技艺人才。教师是培育高校学生鲁班工匠精神的重要主体,但专业课教师每周或者每个月才上一次课,与高校学生的交流次数并不多,对高校学生的作用力并不强,教师与高校学生的教学交流并不紧密,高校学生在学习技艺和素养的过程中,没有充分的学习技艺和养成素养的心理需求,没有对教师产生依赖和崇敬感,同时,因为没能让教师与高校学生在学习技艺和塑造素养的过程中组成实践共同体,没能让高校学生充分地学习教师的技艺和感受到教师的素养,没能让教师和高校学生充分地参与到鲁班工匠精神的培育中,没能在一点一滴的学习和熏陶中有效培育高校学生的鲁班工匠精神。可见,教师的作用力还未有效地发挥出来,高校兼职的企业师傅没有有效地参与到学校教学中,没有有效地为高校学生树立师傅的人格和技艺榜样,使得高校学生鲁班工匠精神的培育出现缺失,没有做到教师和师傅的作用力有效融合,在技艺教授的过程中无法对高校学生产生持续性的精神影响。

目前,高校师资中,匠心精神本来就缺乏,教师在培鲁班工匠精神"言传"较少的基础上,也同样缺乏"身教"。因此,要培育高校学生"匠心鲁班"精神,当前的要务是系统培训教师,让教师了解匠心精神、理解匠心精神、崇尚匠心精神,让匠心精神深入人心。

2.5.3 职业发展定位不准

高校学生对自己未来职业定位不明确。其一,在职业目标方面,高校学生没有明确的职业目标。很多高校学生学习动力匮乏、学习目标盲目、学习习惯没有养成,不知道自己毕业之后能做什么工作。很多高校学生由于没有建立明确的职业目标,对自己性格特征、气质类型、能力特长等维度的理性分析欠缺,缺乏对自己短处客观的分析、考量,在严峻的就业形势下,目标过于理想化,自我认知与职业定位过高,导致现实求职失望而归。其二,在职业规划方面,高校学生缺乏可操作的职业发展规划。很多高校学生职业规划不合理,一方面是由于高校职业发展规划课程边缘化,学校缺乏专业职业规划课程指导教师,另外,高校学生在制订职业规划时,目标过于好高骛远,职业定位在经济较发达城市,或是收入、福利较高的单位。其三,在职业动机方面,高校学生职业动机不高。由于现代各种职业的强度、深度都在增加,不论在实习或是工作之中,都会遇到各种难题,部分高校学生缺乏吃苦耐劳的精神与工作热情,往往知难而退。其四,在学习成就感方面,高校学生学习成就感偏低。高校学生学习情绪低迷,一些高校学生随意逃课,考试突击学习,这些都导致高校学生成就感不足,对未来职业胜任能力感到力不从心。

2.5.4 鲁班工匠文化氛围不浓

其一,高校学校鲁班工匠文化氛围缺失。校园鲁班工匠文化氛围的缺失,是制约高校学生鲁班工匠精神养成的重要原因。通常来说,社团活动特别是专业实践社团对高校学生的社会性发展具有不可或缺的作用,特别是在培养高校学生自我管理、自治、团结协作以及角色社会化、政治社会化、规则社会化、个性社会化等方面能够起到引导与规范的作用,是鲁班工匠精神培育的重要阵地。高校专业实践社团缺乏,而且部分社团活动形式单一,内容单调,使高校学生失去了加入社团的欲望与兴趣,也失去了自我锻炼发展的平台。

其二,在校风学风方面,高校学风与校风仍需提升。高校校风与学风能够引导高校学生养成良好的行为习惯,具有规训作用,使其摆脱外在的从众心理以及逆反心理,也是培养学生职业素养的重要平台。校风与学风也具有激励与凝聚作用,良好的学风、校风能够使高校学生养成勇往直前的奋斗精神,积极进取,增强师生之间的协作与凝聚力,进而提升学生的职业素养。目前来看,许多高校并未重视校风学风的建设,使得校风学风未充分发挥育人的作用。

其三,在师生关系方面,高校师生关系一般。目前高校师生交往关系狭隘,仅限于课堂教学,阻碍了两者之间知识、技艺和思想的交流,不利于塑造人的博雅、自由、批判和创新精神,与而影响了鲁班工匠精神的培育,也影响了学生职业素养的提升。

其四,在学科竞赛方面,有待拓宽渠道。学科竞赛能够让高校学生接触到更优秀的竞争对手,了解学科专业的发展前沿,但目前,高校为高校学生提供的学科专业竞赛渠道有待拓宽,很多仅仅是走走过场,起不到促进学生职业素养发展的作用。

第3章 高校"匠心鲁班"育人的审视

对于高校"匠心鲁班"育人的问题,要进行全面的考量,发现育人的关键所在,了解高校"匠心鲁班"育人的意义,明确高校"匠心鲁班"育人的价值与功能,才能更好地实施高校"匠心鲁班"育人。

3.1 高校"匠心鲁班"育人面临的问题

对于高校学生"匠心鲁班"育人面临的现实情况,我们可以从高校学生职业态度、职业道德、职业能力、职业理想四个方面进行考量。

3.1.1 职业态度问题

从高校学生"匠心鲁班"育人角度来看,高校学生职业态度存在的问题如下。

1. 态度严谨的问题

目前来看,大多数高校学生非常认可严谨的职业态度。大多数高校学生认为,严谨的职业态度在职业发展中非常必要,并且大多数高校学生愿意用严谨的职业态度来要求自己。同时,也有相当一部分高校学生认为严谨的职业态度虽然可取,但严谨的职业态度所具备的条件要求过高、过于苛刻,自己很难承受,以自身目前的能力和毅力达不到严谨职业态度的要求,所以,这部分学生虽然对严谨的职业态度很认可,但却表示自己无法达标。也有少部分高校学生并不认可严谨的职业态度,认为严谨的职业态度毫无必要,表示自己不会去这样做。造成高校学生对严谨职业态度产生分歧的一个主要根源是目前高校学生对严谨职业的认识存在偏差：一部分高校学生认识到了严谨职业态度的价值，所以重视起来；另一部高校学生则只把职业当作一个谋生的手段，没有考虑职业的质量和职业的发展，在对待严谨职业态度的时候表现出一定的抗拒，这样一来，无法培育出良好的、严谨的职业态度。

2.培养自律问题

自律意识和自律能力，是高校学生认真负责的体现，是未来职业发展的重要职业道德基础，在高校学生未来的发展中具有重要的意义。目前来看，在学生自我监督的情况下，在自律方面，高校学生体现出了明显的差异性：一部分高校学生，在日常生活中、在工作中、在学习中，都能保持认真负责的态度，能够延续在未来的职业生涯中；一部分高校学生能够在大多数时候保持认真负责的态度，并且希望在未来的工作中可以保持这样的态度，也有意愿加强、培养自己的自律意识和自律能力；另外，有少部分学生认为自己很难做到认真负责，缺乏自律意识和自律能力，在目前的工作中学习中生活中很散漫，没有一定的自律意识和自律能力，在未来的职业生涯中也很难做到态度端正，自立自强。造成这种情况的根本原因，是一部分学生对待职业认识较浅，没有尊重职业，同时，自身缺乏抗压能力，遇到困难就选择逃避和放弃，这样很难培养出良好的自律意识和自律能力。

3.专业认可问题

高校实行的是专业教育，高校学生未来从事的职业很可能与现在的专业相关，因此，认可目前的专业在某种程度上说就是认可未来的职业。目前看，在高校学生专业认可方面，大多数高校学生还是比较认可自己所学的专业，但仍有相当一部分高校学生不太认可自己所学的专业，更有甚者，对所学的专业不感兴趣，甚至抗拒，有的想换掉自己所学的专业。这种对专业不认可的情况会让高校学生与所学专业格格不入，自然不会把精力和心思放在所学专业上，致使学习专业知识也没有成就感与获得感，从而造成难以深入钻研，自然也难以培养出良好的职业态度。

3.1.2 职业道德问题

职业道德是高校学生重要的思想素质,提升高校学生的职业道德水平,对于高校学生求职择业和职业发展都起着至关重要的作用。职业道德的存在问题如下。

1.认识问题

目前来看,高校学生对于职业道德的认识表现得参差不齐。一部分高校学生,对违反职业道德现象,有过感性的认识和理性的思考,考虑过违反职业道德现象的根源,也考虑到如何建设职业道德的问题。一部分高校学生听说过职业道德的问题,也遇到过违反职业道德的现象,但往往只是一带而过。还有少部分高校学生对职业道德并不重视,对违反职业道德的情况也不关心。综上所述,目前来看高校学生对于职业道德的认识还非常模糊,对于职业道德的内涵界定不清楚,对违反职业道德的现象没有辨析分析的能力,所以在高校毕业生中极容易出现不知情的情况下违反职业道德的现象,对于遵守职业道德也没有明确的观点。造成这个问题主要的原因是目前高校学生的身份是学生而不是职业人,缺乏职业道德的实践场域,对职业道德的感受不深。

2.态度问题

在高校,学生对待职业道德问题方面的态度往往表现得比较模糊,这个问题,可以从两个方面看:一方面,高校学生对于自身遵守职业道德的态度,表现得比较模糊,一部分高校学生比较重视自己自身道德的培养,会比较注意将职业道德的相关因素融入自己的行为操守中,使自己能够遵守职业道德,逐渐成为一个合格的职业人;一部分则毫不在意,认为职业道德不重要。另一方面,在面对违背职业道德行为的时候,一部分高校学生会直接制止违背职业道德的行为,明确自己对于违背职业道德行为的坚决态度;还有一部分学生会视情况,要么悄悄提醒受害者,对于严重违背职业道德的行为,才选择制止或者诉诸于法律;还有一部分学生,在遇到违背职业道德行为的时候会视而不见。究其根源,高校学生对于违背职业道德的行为,认识上是相对模糊的,对违背职业道德行为的危害和重要性并没有深入的认识。

3.底线问题

在高校学生对坚守职业道德底线重要性的认识方面,大多数高校学生都会认为,坚守职业道德底线是非常重要的,所有人都应该坚守职业道德底线,对于社会发展、个人发展都有着重要的意义。还有相当一部分的高校学生认为,自己能够坚守职业道德底线就好,至于别人能否坚守职业道德底线,并不重要,也不会干预别人去坚守职业道德底线。还有一少部分高校学生认为,坚守职业道德底线并不重要,一些不坚守职业道德底线的行为,也是情有可原的,是在社会生存中必不可少的。还有一部分高校学生认为,每个人都有坚守不住职业道德底线的时候,因此职业道德底线是一个伪概念,灵活的职业道德底线才会使人生活得更好。

3.1.3 职业能力问题

职业能力是高校学生求职择业、职业发展的重要能力基础,培育职业能力是高校的重要任务。目前看,高校学生的职业能力存在着如下的问题。

1.职业能力的内涵

从职业分析、置业需求中可以看出,职业能力包含以下几个方面:其一,通用知识因素方面:行业类知识、项目类知识、法律类知识、经济类知识等方面还需加以重视;其二,自我认知和规划方面:显得急功近利,缺乏前瞻思考,缺乏主动的关注和思考,导致自我定位过高或者不够自信,发展后劲略显不足;其三,能力因素方面:口头表达、创新能力、关系建立、快速适应、团队领导、突发应变等因素存在不足;其四,态度因素方面:同理心、情绪控制、关注细节、忍耐重复等因素有待提升;其五,品质因素方面:坚韧性、注重品质、谦虚、忠诚等因素略显欠缺;其六,通用技能因素方面:商务礼仪、英语口头表达能力、公文写作和英语阅读分析等方面值得关注。

2. 认识方面的问题

目前看,高校学生对待职业能力的认识方面的问题,有如下几个方面:其一,对其职业能力重视不够。很多高校学生认为自己所从事的工作,层次不高、要求不高,因此,并不需要很强的职业能力,所以在面对职业能力提升方面,显得事不关己、高高挂起、热情不高,影响了高校学生职业能力的提升。其二,对提升职业能力的认识不够。很多高校学生在职业能力提升方面妄自菲薄,认为自己很难提升职业能力,因而消极怠工,不积极提升职业能力,以一种得过且过、破罐破摔的状态对待。其三,对提升职业能力的途径认识偏颇。在提高职业能力的途径上,只有很少的高校学生认为通过学习和实践经验相结合的方式,能够有效提升自身的职业能力,部分高校学生还提出了找到实习单位,通过实习的方式提升自身职业能力。但相当一部分高校学生认为考取专业资格证才是提升职业能力的最好办法,可见,考证意识在高校学生的思想中仍然根深蒂固。还有相当一部分的高校学生认为参加校外培训机构的课程,才是提升自己职业能力的有效途径。

3.1.4 职业理想现状

职业理想对于高校学生的职业发展至关重要,因此,树立正确的职业理想,对于高校学生成长成才具有重要意义。职业理想存在的问题如下。

1. 选择问题

目前看,一方面,高校学生在选择职业理想时,奉行"我的地盘,我做主",根据自身的特长与兴趣爱好自主选择。高校学生的就业主流是自主择业,在选择职业理想时,高校学生首先考虑自身的特长和爱好,希望在未来的职业中能充分融合自己的爱好,更好地发挥自己的聪明才智,因此,自我决定职业、自我构建职业理想,是当代高校学生的一个突出特点。另一方面,大多数高校学生职业选择中往往带有一定的盲目性,不能对自我做出较为全面客观的评价和认知。大部分高校学生对自己的职业兴趣、性格、气质、择业能力等内容并不了解,职业选择中带有一定的盲目性,常将别人的价值判断作为选择的依据,造成人云亦云、随波逐流,对所选职业无法产生认同感,无法锁定目标全力以赴,因而也最容易放弃。

2.方向感差

对于高校学生来说,职业理想的形成要经历感性认识到理性认识、由抽象到具体、由不稳定到稳定的发展过程。高校学生处于职业理想发展的关键时期,这个时期,高校学生的自主意识发展迅速,随着接触社会机会的增多,对行业职业的进一步了解,高校学生开始探索自己的职业前景,对职业进行价值评价。但随着社会发展,职业不断分化和细化,个人的职业发展呈现出复杂多变的状况,加之很多高校学生视野并不开阔,心理素质不完全成熟,对自身的认知不十分明确,价值判断标准尚未完全确立,往往在自主比较、选择职业过程中犹豫不决、变动不居,表现为职业理想变动性大、不稳定,甚至变得迷茫困惑。这种情况下,高校学生往往把赚钱行业、热门职业,作为自己的职业理想,往往被赚钱行业、热门职业较高的社会认可度、高收入、诱人的发展前景所吸引。许多高校学生认为,只有追逐赚钱行业、热门职业,才有发展前景,才不会被时代淘汰,至于这些职业是否适合自己,是否是自己的兴趣所在,是否符合专业发展,则被忽视。

3.功利性强

职业是取得经济收入、获得个性发展、实现自我价值的途径,是维持个人、家庭生存和个人发展的手段,同时是个人社会地位的象征。通常来说,职业理想可以分为三个层次:第一层次,把职业作为谋生手段的职业理想,主要考虑经济因素,对于职业发展前景、职业成就等基本没有考虑;第二层次,把职业作为满足个人兴趣、特长的手段的职业理想,是自我满足的一种体现,主要关注的是个人的满足,没有涉及社会理想的境界;第三层次,把职业作为个人创业、技术创新的职业理想,把职业理想与社会理想相结合,最大限度地施展个人才华,为社会和人类的共同幸福作贡献。

目前来看,许多高校学生将个人发展机会放在首位,看重培训机会、薪酬福利、企业规模、大城市、沿海发达地区等因素。尽管部分高校学生的就业选择渐趋理性,但基本停留于第二层次,一般很少考虑到社会需要和社会贡献,很少把职业理想与社会理想相结合,主要关注的是个人的发展前途和经济报酬。可见,高校学生职业理想没有上升为社会价值层面,主要集中于个人价值与经济收入层面,难免带有功利性色彩。此外,有些高校学生把赚钱多少作为衡量职业价值的首要标准,因而追逐高薪,频繁跳槽,认为只有赚钱多的职业才有价值、有发展,甚至追求那些违背自己天性和志趣的职业,使职业蜕化成获取经济利益的工具,危害自身发展,全然不顾长远发展,是一种短视的行为。

3.2 高校"匠心鲁班"育人的意义

高校"匠心鲁班"育人,是在向社会主义现代化强国迈进的时代背景下提出的,是在全面发展制造业、全面推进高质量发展的背景下出的,因此,具有重要的意义。

3.2.1 实现中国梦的需要

目前,我国处在中国特色社会主义建设的新时代,处在实现中华民族伟大复兴的关键时期,全国人民在党中央的领导下,正向着建设社会主义现代化强国迈进。众所周知,中华民族伟大复兴历史伟业的实现,不是空中楼阁,需要制造业的支撑,而制造业的发展、提高、转型离不开千千万万具有职业精神、职业素养的产业工人,因此,新时代实现"中国梦",更需要"高校"匠心鲁班"育人。

在实现中华民族伟大复兴的过程中,继承、弘扬、创新鲁班高校"匠心鲁班"育人,让高校学生将良好的职业素养、工匠精神当作一种态度、一份坚持、一种品质,作为一种信仰、一种修行、一种力量,学习中国传统工匠对待工作的忘我和专注,学习中国传统工匠精益求精、不断创新的开拓精神,培育吃苦耐劳的优良品质,树立勤恳、任劳任怨的作风,进而努力提高知识,学习技能,为实现中华民族伟大复兴的"中国梦"贡献力量。

高校学生更是实现中华民族伟大复兴的核心力量。将高校"匠心鲁班"育人融入高校学生的学习中去,帮助高校学生树立正确的人生观、价值观,提高高校学生就业后的幸福指数,培养高校学生的职业归属感和职业成就感,让高校学生在奋斗的过程中使自己的人生价值得以实现,为"中国梦"的实现贡献一份力量。

高校学生作为宝贵的人才资源,是实现中华民族伟大复兴历史伟业的基础。一个国家的崛起,离不开每个处在这个时代劳动者的辛勤劳动和付出,在实现"中国梦"的道路上,将高校"匠心鲁班"育人融入高校学生的培养教育中去,给高校学生以正确的精神导向,引导其努力学习认真钻研,培养其责任意识和爱国精神。这样才能更好地发挥出高校学生的才智,进而为实现中华民族伟大复兴贡献一份力量。以高校学生成为"大国工匠"为人生目标,严于律己,脚踏实地,以鲁班工匠精神为指引将自己的个人价值在实践中得到发挥,努力做中华民族伟大复兴的推进者、实现者。

3.2.2 实现"中国制造2025"的需要

2013年4月,在德国汉诺威工业博览会上,工业界提出了"工业4.0"战略。从那个时候起,"工业4.0"作为一种理念、一个方向、一个热词,在全世界范围内引发了新一轮的工业转型竞争的热潮,将制造业生产带向智能时代、按需生产时代以及个性化时代。2015年5月,我国发布了《中国制造2025》的强国战略规划,进一步提出要经过十年时间,让中国向世界制造强国迈进。在这种情况下,鲁班高校"匠心鲁班"育人作为实施"中国制造2025"的重要举措,可以说是恰逢其时。

中国提出"中国制造2025"的发展战略,应对日益发展的科学变化和消费需求的变化,提出制造业转型升级的战略,具有深远的意义。从制造大国转变为制造强国的发展重视基础,在于人才的转型升级,即由粗放型产业转变为密集型产业需要复合型、高技能人才,而高技能人才培养的重要内容不仅仅是专业技能的提升,还有职业素养的整体提升,包括精益求精、追求细致的职业行为和职业态度,这些不仅是高技能人才的素质基础,也是制造业品质构建的重要保障,是由制造大国转变为制造强国的关键点。

高校"匠心鲁班"育人的开展,是鲁班文化育人的具体实践。鲁班文化育人是中国传统工匠精神教育的体现,是实现我国技能型人才理论修养和实践技能整体提升的有效途径,也是实现我国由制造大国向制造强国转型升级的关键要素。中国制造业在技能型人才培养方面继续加大改革力度,要想实现更高层次和水平的发展,必须探索高素质、高技能人才培养模式,让更多从事一线生产工作的劳动者具备丰富的理论修养和高超的技术水准。高校是培养优质技能型人才的重要场所,培养德才兼备的应用型人才,是高校的重要使命,同时也是助力我国制造业转型升级的重要途径。可以说,高校"匠心鲁班"育人的开展,为高校培养德才兼备的应用型人才开辟了新路。

3.2.3 培育社会主义核心价值观的需要

工匠精神是人类重要的精神品质,与国家、民族的发展密不可分。高校"匠心鲁班"育人力主培育鲁班工匠精神,也就是中国传统工匠精神,与当代我国社会的主流价值观即社会主义核心价值观有诸多相同之处。可以说,高校"匠心鲁班"育人,也是培育和践行社会主义核心价值观的一种举措。

当前我国社会的基本价值取向是社会主义核心价值观,其中的"爱国、敬业、诚信、友善"是可以反映到每个人身上的个人行为准则,也包括高校学生。鲁班工匠精神是一种高尚的职业精神,是劳动者积极价值取向的凝练,是劳动者所应具有的基本准则。因此,以鲁班工匠精神为核心的高校"匠心鲁班"育人和社会主义核心价值观具有共通性。

推进高校"匠心鲁班"育人工作,有利于社会主义核心价值观的践行。鲁班文化是一种优秀的传统文化,鲁班工匠精神是中华民族精神的一种体现,同样社会主义核心价值观也是对我国优秀传统文化的一种凝练。因此,高校鲁班精神的培育是社会主义核心价值观的必然要求,其传承与培育对社会主义核心价值观内涵的丰富有重要意义。

其一,"富强、民主、文明、和谐"是社会主义核心价值观国家层面的内容,其中富强和鲁班工匠精神两者相互促进,有着重要联系。国家富强是人民幸福生活的保障。对高校学生进行鲁班工匠精神的培育,有助于大量德才兼备人才的产生,促进产业的发展和国家的富强。同理,社会的进步、文明与富强靠的就是这些德才兼备人才来推进的,所以高校"匠心鲁班"育人对高校学生的培育,有助于实现国家富强这一历史使命。

其二,"自由、平等、公正、法治"是社会主义核心价值观社会层面的内容,高校"匠心鲁班"育人与其的具体联系体现在自由平等上。高校"匠心鲁班"育人的培育,有利于提高工匠也就是现在蓝领阶层的社会地位,使人们摒弃传统的思想观念,力求做到树立职业不分高低贵贱、人人平等的社会价值导向,从而提升应用型人才的信心和地位。

其三,"爱国、敬业、诚信、友善"是社会主义核心价值观个人层面的内容,与高校"匠心鲁班"育人同样也是密不可分的。因为鲁班文化中充满了"爱国、敬业、诚信、友善"的丰富内容,对高校学生进行"匠心鲁班"育人的培育,有利于社会主义核心价值观在个人层面的实现,同时更有助于高校学生职业水平的提升。

3.2.4 增强文化自信的需要

众所周知,鲁班文化是中华优秀传统文化的瑰宝,同时,也是中华民族传统文化的重要组成部分。中华民族的历史实践与积淀,铸就了中华文化的薪火相传。开展高校"匠心鲁班"育人,继承和发扬鲁班文化精神,不仅是新时代的背景要求,同时更是中华民族优秀文化精髓继承和发展的需要。开展高校"匠心鲁班"育人,要学习中华民族传统文化中工匠精神的优秀典范,传承历史文化经典,在新时代实践中发扬和传承中华民族优秀传统文化的精髓。开展高校"匠心鲁班"育人,要围绕鲁班文化中蕴含着"达善尚巧"的职业追求,同时,也符合中华优秀传统文化的价值追求。在鲁班高校"匠心鲁班"育人中,"达善"指传统工匠努力提升技能水平、达到至善的境界;"尚巧"指传统工匠提高技能、锐意创新。另外,在鲁班高校"匠心鲁班"育人中,要充分发挥鲁班文化的育人功能,传统工匠对生产的器物都赋予了相应的文化内涵,传统工匠的技能、成果都体现出了一定的精神内容和价值理念,使得产品富有人文内涵。此外,鲁班高校"匠心鲁班"育人要依托典籍、民间故事,重视用好中华优秀传统文化的精神瑰宝。

开展高校"匠心鲁班"育人,是高校继承和发扬传统优秀文化的重要内容。研究高校"匠心鲁班"育人的内在意义,创新高校"匠心鲁班"育人的培育路径,将鲁班文化这一传统文化同当代高校的教育理念相融合,拓宽高校"匠心鲁班"育人与高校人才培养研究的视野,认清高校"匠心鲁班"育人在高校教育中的重要性以提高学生的思想文化素养。在社会日新月异的变迁中,在"工业4.0计划""中国制造2025"的热潮中,要弘扬中国古代传统工匠那种勤奋、敬业、执著的精神,继承和发扬我国传统工匠精神,把工匠精神诠释在行为之中,内化根植于心,才能在复杂的环境下依然拥有更多竞争的优势,立于不败之地。高校学生作为社会主义建设的主力军,更需要重拾鲁班文化中那种勤奋、敬业、执着的精神,成为社会的可用之才、栋梁之才。

3.2.5 提升职业教育的需要

高校"匠心鲁班"育人的开展,是专业教育与德育教育的一次整合,有助于提升高职教育的教育质量。

1. 培养人才的重要目标

随着我国教育管理体制不断深化,我国高等职业教育拥有发展的机遇,同时也面临着巨大的挑战。进一步明确职业教育的人才培养目标,主动采取措施和行动去适应新形势的变化,是高等职业院校迫在眉睫的工作。一方面,培养以工匠精神为内核的应用型人才,是经济社会发展的需要,随着人才要求的不断提高,提升高校学生职业素养、为社会输送优质高校学生,已成共识。另一方面,从培养高校学生的目标上来讲,高校教育的最终目的在于培养具有一技之长、具有正确价值观的应用型人才,因此,不仅要培养专业能力,还要培养道德水平。积极推进高校"匠心鲁班"育人培育,培养符合社会和企业要求的高质量高校学生,是对高校的基本要求。

2.培养人才的重要内容

鲁班工匠精神作为精神要素,本身具有鲜明的文化属性,也是高校文化育人的重要内容。开展以鲁班工匠精神为核心的高校"匠心鲁班"育人,是高校文化育人的重要路径。目前来看,高校接受的价值观教育、道德熏陶不足,高校普遍缺少充足的文化氛围。职业素养的成长需要一定的文化土壤和环境,而鲁班文化便是高校培养人才的有力根基和生长土壤。因此,开展高校"匠心鲁班"育人,促进鲁班文化与职业素养的培养相结合,营造积极的文化氛围,方能有效实现学生的"抱诚守真"。

高校校园文化既是一种现象,也是一种氛围,如何在校园文化建设中积极弘扬鲁班工匠精神是高校校园文化建设面临的一个课题。高校的校园文化建设是学校发展的重要组成部分,高校应该以校园文化建设为引领,充分利用这一隐性教育资源,积极传播、弘扬鲁班工匠精神。推进高校"匠心鲁班"育人,加强高校技能型人才培养中的高校校园文化建设,有利于实现提高学生综合素质和强化职业精神素养的目标,要深刻重视校园文化的实际作用,在校园文化建设中,要体现综合性、特色性、时代性三个方面,深入体现高校"匠心鲁班"育人。

3.培育人才的重要路径

对于高校来说,培养什么样的人才、输送什么样的高校学生进入企业、进入社会,适应用人单位、社会发展对从业者素养需求,这也是高校如何培养人才的重要课题。高校是国家培养人才的重要基地,近年来,很多高校围绕职业精神培育,开展各类教育活动,下工夫、做文章,将高校学生工匠精神的培育从课程培养体系、校内外实践体系方面加以强化。当下,随着网络时代的来临,对高校学生进行传统式的说教显然效果并不好,很难达到育人的目的。此外,普遍使用的讲座教育以及宣传栏等教育方式达到的教育效果,也远远低于预期。所以,进一步深化高校教育改革,创新载体和路径,开展高校"匠心鲁班"育人,帮助高校学生深入认识、理解鲁班文化,借助鲁班文化的育人功能培育学生的职业精神,激发高校学生成为专业人才的愿望,进一步激励高校学生成为专业人才的职业理想。

3.2.6 提升学生职业能力的需要

开展高校"匠心鲁班"育人,让高校学生在接受专业知识、技能教育的同时,接受鲁班文化教育,让高校学生不但有匠艺,还要有匠心,这样,才能获得良好的职业发展,才有可能成为"大国工匠"。高校"匠心鲁班"育人有助于学生成长成才,有助于为职业成长打下基础,有助于提升学生对岗位的敬业程度以及对事业的专注,让高校学生具有可持续发展的动力,帮助高校学生走上工作岗位后,更好地为社会服务、为企业服务、实现个人目标的持续发展,制作出一件件经得起市场推敲的精细产品,造福人民。

高校"匠心鲁班"育人体现的是一种对职业的坚守、对产品的精益求精、对岗位的敬业和对事业的专注。这些职业精神对于职业教育来说是必不可少的素养,也正是当前高校学生极少具备的价值和精神追求,具备这样的职业态度和职业精神的高校学生,不但会在就业时更受企业的欢迎,也是助推学生可持续发展的驱动力。

因此,高校在人才培养的过程中,不但要向学生传授技能,还应该重视职业精神的培养。高校"匠心鲁班"育人的开展,使高校学生更好、更快地适应未来职业发展不断增长的要求。而作为高校学生来说,也应该意识到,人才市场竞争日益激烈,他们作为准职业人要走向社会、立足社会,必须主动思考如何使自身具有较强的职业精神,具有良好的职业素养,才能够成为一名真正合格的职业人。

3.3 高校"匠心鲁班"育人的功能

高校"匠心鲁班"育人活动具有丰富的功能,了解高校"匠心鲁班"育人活动的功能,可以更加深刻地认识高校"匠心鲁班"育人的重要意义,进而进一步开展"匠心鲁班"育人活动。

3.3.1 进一步加强职业道德的认知

众所周知,职业道德是职业人重要的道德元素,是各个行业传统工匠在职业生活中应遵守的、具有职业特征的道德要求和行为规范,职业道德的主要内容具体包括"爱岗敬业、诚实守信、办事公道、服务人们、奉献社会"等。高校"匠心鲁班"育人,对职业道德的培养具有重要的作用。

1. 职业道德的基础:爱岗敬业

事实上,如果一个人对某一类事物并不热爱,那么任何工作都是空谈,因为他无法提起兴趣,无法全身心地投入到工作之中。从爱岗敬业一词的分析我们可以知道,爱岗敬业的词义就是要热爱本职工作,心无旁骛,专心致志地进行工作。对爱岗,我们可以理解为热爱岗位;对敬业,我们可以理解为敬重事业,也可以从思想境界上去深入理解,事实上,敬业有两个思想境界:第一,我们可以从生存角度去理解敬业,也就是说,敬业是通过工作获得正常的经济收入来源,来保证生活;第二,将敬业与爱岗相结合提升敬业的境界,也就是说,敬业是在工作中恪守职业道德,认真负责工作,提高技能、勤勤恳恳。对于高校学生来说,爱岗敬业应该打造第二个境界。鲁班是我国古代传统文化中爱岗敬业的榜样典范,鲁班热爱本职工作,特别是木匠工作,他将木匠工作作为自己的终身追求,我们从鲁班身上可以看到爱岗敬业的优秀品质,所以,鲁班文化可以作为爱岗敬业重要的教育资源。

2. 职业人的基本准则:诚实守信

诚实守信是人珍贵的品质,是中华民族的传统美德,在目前市场经济竞争越来越激烈的情况下,诚实守信的行为显得更加珍贵。千百年来,诚实守信是判断一个人道德的重要标尺,目前,诚实守信也是社会主义核心价值观的重要组成部分。通常来说,诚实守信是指不虚伪、不欺骗、内心诚挚、讲究信用,是真诚的处世态度和正确的待人之道,也是社会契约的体现。诚实守信的精神,无论从对个人、对国家,还是对民族来说都非常重要。在鲁班文化中,诚实守信是非常重要的内容,鲁班以树立诚信为荣,绝不虚假欺骗,为传统工匠群体树立了良好的口碑。在鲁班文化中,注重承诺,注重知行合一,将自己的承诺与工作完美契合,是鲁班文化的重要特征。鲁班文化反对欺诈、反对以次充好、反对假冒伪劣,尽最大可能保证工程质量,做到让用户放心,鲁班文化将鲁班的这种精神,拓展为诚实守信的精神,为古代传统工匠的发展提供了光辉的榜样。

3.职业道德的重要原则:办事公道

办事公道对我们来说并不陌生,公平、公开、公正是法律的基本原则,也是人在社会上为人处事的基本准则。办事公道,在鲁班文化中也有所体现,包含两种内涵:一种是指公平,也就是没有偏袒、不偏不倚、客观中立,以公平的态度看待事物,不徇私舞弊;二是指合理,指讲情讲理、合乎情理,尊重善良风俗和人类伦理,不破坏公序良俗。办事公道具有重要的价值和丰富的内涵,鲁班对待客户一视同仁,没有巴结权贵,没有看不起穷人,没有偷工减料,没有因为客户贫穷而降低质量标准。在工程施工中,鲁班更是从工程需要出发,避免浪费,力求合理,使材料尽其所用,也没有把原材料占为己有。所以,鲁班文化中,具有推崇真理、崇尚正义、平等对待,不因财富身份差别另眼相待的公道的文化特征,这不仅是鲁班善良、完善人格的体现,更是鲁班文化追求公道、追求正义、追求公平精神的体现。因此,办事公道也称为鲁班文化重要的思想原则,也是职业道德重要的思想原则。

4.职业道德的精髓:服务人民

今天,服务人民的价值观是建设社会主义现代化强国,实现中华民族伟大复兴的必然要求,同时,服务人民的观念,也是实现社会友善、实现社会发展、实现社会和谐的必要保障。服务人民,是人自身价值实现的基本方式,服务的对象是人民,出发点是为了人民的利益,服务人民是检验人品质的重要标准。鲁班文化蕴含着服务人民的基本思想特征,学习鲁班文化,就要实践鲁班服务人民的职业精神,树立为人民服务的观念,从小事做起,从基础做起,为他人着想,尊重自己服务的对象,以服务人民的形式实现自身的价值,将自己的奋斗与服务人民联系起来,在服务人民的过程中实现自己的人生理想。

5.职业道德的出发点：奉献社会

奉献社会是每个高校学生的责任和义务，是个人价值实现的路径，奉献社会彰显着中华优秀传统文化的家国情怀、寄托着对国家、对人民深沉的爱，体现着新时代青年的价值。在新时代历史背景下，奉献社会是将自己的专业技能、聪明才智、综合能力，为祖国、为集体、为社会服务，建设社会主义现代化强国，建设美好社会。奉献社会是一种层次很高的精神境界，对国家、对集体、对社会，是一种义无反顾的真心付出。鲁班文化中蕴含着服务社会、奉献社会、热爱社会的思想内涵，鲁班以及和鲁班一样的传统工匠，以精良、高超、完美的技能为社会服务、回报社会，体现了高尚的道德追求和精神境界，获得了良好的口碑，实现了自我价值，保持了社会秩序的良好运转，创造了大量的社会财富，在为人民服务的同时，营造了温暖、温情的社会风气。所以，学习鲁班文化就要树立奉献社会的思想，树立奉献社会、实现自我的价值观，在无私奉献的思想境界里、在自己的岗位上，做出自己应有的贡献

3.3.2 进一步加强职业情感的培养

鲁班是中国古代传统工匠的杰出代表，具有高超的技能，发明出许许多多有利于人民的生产工具，是中国古代工匠智慧与技能的结合体，同时，鲁班具有强烈的职业情感，这也是鲁班能够成为中国古代最杰出工匠的重要内生动因。

1.增强高校学生的责任感

责任是社会活动中重要的议题，也是人们常见的话题。一般来说，责任一词有三层意思：一是使人担当起某种职务和责任，是权责的范畴；二是人分内应该做的事情，是一种本分；三是如果没有做好自己分内的事情，应该承担的过失、惩罚，有惩戒的意味。在人们的印象里，责任一词有两层意思：一层是尽责，也就是说，责任就应该是分内做的事情，是分内之事；另外一层是问责，指追究责任，也就是说，如果没有做好自己分内的事情，应该

承担的过失、惩罚,是应担之过。可见,通常意义上的责任,要么是指分内应该做的事情,是任务;要么是没有做好事情应承担的后果,是评价和惩罚。

事实上,今天在教育领域谈到责任的时候,更多的含义是一种责任感。责任感对我们每个人来说并不陌生,一般来说,责任感包括个人责任、他人责任、家庭责任、集体责任、国家责任和社会责任,等等。责任感是每个人对集体、社会等具有高度的责任意识,是明确自己承担的责任义务,是自觉遵守约定俗成的规范,同时也是一种社会情感,是在一定社会认识基础上逐渐培养来的,是社会化的结果。同时,责任感也是一种道德情感,是一种心理体验,是一种主观意识,是一种外在表现,是一种自律,是人的情感。

鲁班文化强调责任感。在鲁班文化中,责任感大致可以看到以下几点表现:第一,对自身的责任感。鲁班文化中强调技能的求精、强调工匠的口碑、强调对工程负责、强调对产品负责,这是传统工匠对自身负责的体现,只有这样,古代传统工匠才会有好的口碑,才会有好的职业前景,才会促进行业的发展,否则,将不再有机会从事相关行业。第二,对他人的责任。鲁班细心观察、克服自然条件的局限,发明出了大量实用工具,既提高了工作效率,方便了人们生活,也是鲁班敢于创新,尊重事物发展客观规律,利用事物客观规律,为他人行便利,是对他人负责的表现。同时,鲁班追求工程质量和工艺品质,对工程和产品质量高标准、严要求,也是对他人负责的体现。第三,鲁班具有环境友好的责任意识。鲁班文化中凸显着生态文明的元素,鲁班在建筑施工时不主张大规模砍伐森林、不浪费物料,精打细算,具有与自然和谐共处的责任意识,朴素地表现了人类发展与自然关系的和谐,从一定程度上,缓解了人与自然的矛盾。第四,鲁班文化中也蕴含着对家国、对集体的责任。鲁班文化中蕴含着爱国主义精神与家国情怀,这与中华优秀传统文化相一致,体现出对家国的责任;鲁班文化中还有分工配合、各司其职、团结协作的内容,体现的是集体主义的精神。

高校"匠心鲁班"育人的开展,要注重利用鲁班文化,提升高校学生责任感,让学生从鲁班文化中明白责任的重要性,明白传统工匠对责任的认识、对责任的坚守与付出,增强高校学生的责任感。

2.提高高校学生的荣誉感

在生活中,我们常常听说荣誉感,也亲历过荣誉感。所谓荣誉感,是指个人或者集体在集体中做出的杰出贡献,从而得到了集体、团体、社会或者国家的认可,给予的特殊荣耀。这个特殊荣耀可以是个人的,也可以是集体的。和存在感、归属感一样,荣誉感也是一种积极的心理体验,每个人都需要荣誉感。从教育角度审视,荣誉感具有重要的教育功能和教育作用,荣誉感往往会增加人对自身的重新审视与认同,增加人的自信心和自豪感,发掘自身的潜力和优势,规范自身的言行,使得人们在自身道德修养提升、自身才干提升等方面获得长足的进步,促进自身的成长成才。荣誉感是一种积极向上的、具有开放性的、富有正面意义的心理感受,获得荣誉感,是一个优质的、具有教育意义、具有激励意义的心理感受和情绪体验,因此,荣誉感是一种积极的心理现象。

在不同历史时期,人们对荣誉感的理解、取得荣誉感的难易程度、获取荣誉的方式是不同的。比如,在中国古代,贵族可以凭借亲缘关系,继承爵位、承袭封号,获得荣誉;学子可以寒窗苦读,金榜题名,走上仕途,获得荣誉;将士可以血战沙场建立功勋,或是马革裹尸,获得荣誉;书法家、画家,可以通过字画,名扬天下,获得荣誉。

在中国古代,受儒家文化影响,传统工匠的地位十分低下,不仅没有加官晋爵的机会,而且很难被社会所认可,长期处于社会底层。通常来说,传统工匠的内心自卑,很难有荣誉感。鲁班的出现改变了这一状况,鲁班技能高超,善于发明创造,具有高尚的品德,使得我国古代社会对鲁班的态度不同于其他传统工匠,甚至连统治阶级也对鲁班表示尊崇,在这种情况下,古代传统工匠因鲁班被推崇而感到扬眉吐气,所以将鲁班奉为行业神,以鲁班为榜样,立志做好工匠工作,以求得社会的认可和尊重,鲁班作为古代工匠的杰出代表而被信仰,可见,鲁班文化中也蕴含着提升人荣誉感的因素。

鲁班文化中处处蕴含着荣誉感,鲁班文化中体现的荣誉感,更多的是从工匠自身出发,工匠恪守职业道德,做事求精,富于创造精神,为人们带来精湛的手艺,带来美轮美奂的建筑,带来品质优良的手工业品,带来生活的便利,在此基础上,获得人们和客户的赞誉,一传十、十传百,逐渐形成一种口碑,这种口碑就是工匠的荣誉感,是工匠的职业"认证",是工匠的毕生追求。鲁班之所以能成为传统工匠的杰出代表,很大程度上是因为鲁班具有良好的口碑,千百年来鲁班的口碑形成了丰碑,成为鲁班作为工匠先师的基础。鲁班的手艺精湛,为人们提供优质服务;鲁班的品质高尚,为人民排忧解难;鲁班的技能巧夺天工,发明了很多实用工具;这些使得鲁班具有很高的社会认可度。

在鲁班文化的影响下,在鲁班偶像的感召下,中国古代传统工匠开始追求属于自己的荣誉。古代传统工匠,力争将本职工作做好,将工程、将产品做得精益求精、神乎其神,用最好的工程、最好的产品来征服用户,获得用户的赞许,赢得好的名声获得荣誉感。口碑是中国古代传统工匠荣誉感的凝聚,是工匠的勋章,是传统工匠荣誉的体现,工匠可以从良好的口碑中获得荣誉感,同时口碑也会一传十、十传百、百传千地传播下去,使传统工匠获得更多的现实利益。所以,我国古代传统工匠特别在意自己的口碑,如果受到高度赞扬,传统工匠就会有满满的荣誉感,内心就会有积极向上的情绪,如果自己的口碑受到损害,传统工匠就会很难过、很低沉。不仅如此,在口碑受损的情况下,传统工匠的好评也会变为差评,使传统工匠的生存举步维艰。

在发展我国制造业的今天,产业工人依然需要荣誉感,从鲁班文化中汲取工匠精神,通过不懈的努力,发挥自己的聪明智慧,赢得世界的认可。对于高校学生来说,受封建社会的"学而优则仕"思想的影响,部分高校学生特别是高职院校学生缺乏荣誉感,在学习、生活中表现低迷,得过且过。高校学生要以鲁班文化为土壤,汲取营养,对中国制造业有清晰的认识,对技能型人才有清晰的认识,增强荣誉感,激励自身学好专业,成长成才。

3.3.3 进一步加强职业行动的指导

鲁班文化来源于实践,具有明显的实践性特征,对传统工匠的职业行动,有着潜移默化的指导作用,这也是鲁班文化重要的功能。

1.道德的行动方式

道德是人的内在属性,是思想品质层面的东西,是内化的东西,要想将内化的道德转化为外在的品行,则需要道德行动进行外显,因此培养人的道德固然重要,但培养人的道德行动也同样重要。

鲁班非常注重对弟子们道德修养的培育、修正和磨炼,注重弟子们道德行为方式的培养,鲁班将做事情只考虑大却不考虑小的人叫作粗人,只考虑小事却不全方面考虑的叫作细人。鲁班主张应该培育"巧思"思维,也就是按照大而后小的方向思维,然后,再按照小而后大的方向反复思考,从而养成良好的道德行动方式。

将鲁班文化融入高校育人活动中,要注重高校学生道德行动方式的培养。要培养学生从大到小的思维,也要培养学生从小到大的思维,帮助学生进行反复思考的训练,让学生在工作中能够保持严谨认真的态度,能够体现细微的工作精神。鲁班文化中蕴含严谨求学、脚踏实地的学习态度,是进行工匠精神培育实践的行动指引。严谨求学、脚踏实地,要求高校学生要潜心研究专业知识,热爱并尊重自己的专业,立足本职岗位去练就过硬本领。鲁班文化非常注重遵循行业道德规范,追求技能的突破和发展,因此,在鲁班文化的影响下,高校学生需要规范自身的道德修养方式以及端正严谨求学的实践态度。同时,让学生不断修正自己的道德行为方式,保持道德行为方式的合理性、严谨性、周全性、有效性,在工作中少犯错误、不犯错误,产生良好的效果。

2.道德的行动习惯

道德行为习惯,是在道德规范下形成的行为习惯,是一种潜意识状态,是人的一种属性。在工作、生活和为人处世过程中,良好的道德行为习惯,对人的成长成才大有裨益。反之,如果一个人道德行为习惯不良,不仅仅是影响恶劣,而且很难改掉。所以,养成良好的道德行为习惯,对于培养人才来说,至关重要。当然,道德行为习惯的养成,不是一朝一夕可以实现的,需要通过思想修养、行动方式的不断反复练习来养成。

良好的道德行为习惯,就是懂规矩,不懂规矩,就是指没有良好的道德行为习惯。鲁班是一个非常看重规矩的人,不仅在工程工艺中讲求规矩,而且在做人上也讲求规矩,讲求实在做事、老实做人。鲁班的守规矩也是我国传统工匠一直秉承的理念。以传统建筑行业为例,其传统工匠是脚踏实地的劳动者与建设者,建造出都江堰、长城、故宫以及赵州桥等众多千年屹立的宏伟建筑,塑造了一代又一代的建筑行业典范。

同样,鲁班文化中包含求真务实的科学态度,对道德行动具有一定规范功能。所谓"求真",就是要认识事物的本质属性,也就是要求人们要实事求是、解放思想以及与时俱进的准确把握时代精神,进而探索认识事物的内在基本规律。所谓"务实",是在客观认识的指导下,然后脚踏实地去实践。鲁班非常乐于钻研,他遇到不懂的地方就问,积极主动地学习木匠的各项技能,通过不断反复的实践操作,进而掌握了丰富的经验。鲁班要求学艺的弟子严格要求自己,去积极探索获得经验,要敢于提出问题,并积极寻求解决问题的有效方式。

3.3.4 进一步促进职业环境的营造

鲁班文化属于重要的精神资源,是中华民族优秀的传统文化,对良好职业环境的营造发挥了关键作用。高校"匠心鲁班"育人的开展,也是高校职业环境营造的应有之义。

1. 健康有序的校园环境

文化的功能很广泛,文化既能产生积极影响,也能产生消极影响,先进的文化能够引领校园发展的方向,使人耳目一新、积极向上;落后的文化能够败坏校园的风气,让人困惑迷糊、甚至误入歧途。鲁班文化是育人功能发挥的有效载体,能够引领校园风尚,是高校学生思想品德、道德品行、行为养成的重要基础。鲁班文化要求高校学生传承技能、传承匠心,蕴含着求精的精神内涵,可以在校园范围内营造求精、创新求实、力求更好的校园风气。所以,作为中华优秀传统文化的重要组成部分,鲁班文化在营造健康有序的校园环境方面起到了非常关键的作用。

2. 积极向上的校园环境

校园环境具有感染熏陶的作用,是文化育人的重要载体,也是文化育人的重要路径。营造积极向上的校园环境,要以鲁班文化为依托,将鲁班文化融入校园环境中,实现文化育人。校园环境,从广义上来讲,既包括自然环境,也包括人文环境。自然环境,包括高校所处的地域,所处的地理风貌,校园内的建筑设施,等等。人文环境则是高校的标识系统,高校的人文内涵、高校的价值观念等无形的精神积淀。目前来看,随着鲁班文化的传承与发扬,鲁班文化的积极内涵,逐渐被校园环境所接纳,发挥了其催人向上、陶冶情操的育人功能。当前,许多高校在校园里立起了鲁班像,来往的学生,看到这位中国古代历史著名的工匠和发明家,往往肃然起敬,接受精神洗礼;许多高校举办了鲁班文化节,为弘扬鲁班文化提供了平台,通过大量的纪念活动以及实践活动,向这位工匠的杰出代表致敬。

3.3.5 进一步加强职业意志的培养

鲁班文化中蕴含着丰富的精神基因,可以提升人的精神境界,磨炼人的道德意志,对于加强高校学生的职业意志大有好处。

1. 培养学生果敢的定力

果敢的意志对人的发展非常重要。人们在做事情的时候,最初要产生一个想法,但人们产生一个想法的时候,经常还会产生出各种各样的想法,有时候很难权衡。这时候,就需要人们经历与不同想法的斗争,进一步克服那些犹豫不决的想法,选择一个最优的想法。这个过程,就是分析可行性,然后做决定的过程,这个过程需要果敢的意志。鲁班文化来自实践,对可行性有着各种的考量,对优势和劣势有着各式各样的分析,从鲁班文化中,人们可以学到如何判断可行性的因素,如何认知可行性的依据,如何辨别可行性的方法,如何最终进行可行性分析,如何把计划变成可行,如何把可行变成行动。因此,鲁班文化具有培养果敢意志的土壤。将鲁班文化融入高校育人工作,要从鲁班文化中提取出做决定的方法途径,要从鲁班文化中提出做决定的精神因素,培养学生科学合理有效的认知可行性,果敢坚毅,不退缩,不拖沓,干净利落地做好工作。

2.培养学生顽强的毅力

人们在执行计划的过程中,同样会遇到各种各样的艰难、困阻、挫折,这些挫折和艰难,一般情况下,也会极大地动摇人们的决心,甚至质疑以往的决定,决心变成疑心。但如果有坚持的毅力,有韧劲、有恒心,很多时候都会渡过难关,享受成功的快乐,如果半途而废,则将永远失去成功的机会,倒在成功路上,接受失败。

鲁班文化来源于生产实践,在复杂的生产实践中,拥有坚持的毅力,是完成生产实践的重要保障。在生产实践过程中,大到一栋建筑的设计,小到一个钉子的打磨,都会遇到不同的问题,都需要毅力。相信自己,明确目标,将正确的信念付诸实际行动,产生实际的生产力,将目标落实于具体工作,脚踏实地完成每一项任务。

坚持不懈、孜孜不倦以及锲而不舍的鲁班文化会鼓舞人们,通过自己创新进取的努力,去完成各项计划。鲁班文化要求人们要坚定行动目标的正确性,在原有道德信念和道德理想的基础上,树立起坚定的信念。在鲁班文化的影响下,帮助高校学生增强毅力:一是要培养学生的自信,让学生充满信心,去完成每一项工作,竭尽全力,竭尽所能,把工作做到极致;二是要有信仰,要把服务人民、服务人们、服务社会、服务产品,作为自己的职业追求,做到求精,做到品质完善;三是要有一股子冲劲,要具有能够完成劳动实践的良好精神品质,有坚持下去的毅力。

3.培养学生持久的耐力

持久的耐力是成功的关键。没有持久的耐力,同样不能形成稳固的道德意志,在具体的实践中,依然很难成功。一般来说,道德意志的最高境界体现为以果敢的定力、顽强的毅力为基础,坚持不懈地践行道德行动。很多时候,做事情的失败,往往因为缺乏持久的耐力,往往浅尝辄止,使以往的努力功亏一篑,功败垂成。

鲁班是一个有持久耐力的人,无论是在古籍记载还是在传说中,鲁班总给人一种锲而不舍的精神,一种坚持不懈的耐力。在鲁班学艺的过程中、在鲁班从艺的过程中、在鲁班服务人民的过程中、在鲁班发明创造的过程中,在鲁班帮助别人的过程中,从没有见过鲁班半途而废,一直看到的是鲁班的锲而不舍,可见鲁班具有不渝的耐力。这个耐力来源于他对职业的信仰,来源于他对职业的热情,来源于他对职业负责任的精神,来源于他对职业开拓进取的态度。

将鲁班文化融入高校育人中,要让学生们从鲁班文化中,感受到不渝的耐力,感受到鲁班的那种坚持、那种韧性、那种耐心,这也是千百年来中华传统工匠所一直追寻的传统美德。要让高校学生明白,在未来的工作过程中,只有像鲁班文化中体现的那种坚持不懈的耐力,才会成功,最终形成成果,如果没有这种耐力,半途而废,将会一事无成。如教师在发现学生不能坚持的时候,需要帮助其分析灰心的原因,及时沟通,并给予学生坚持下来的信念与勇气。特别要注意深入实践,在行动中培养高校学生不渝的耐力。同时,要培养高校学生做事善始善终、始终如一的态度。不管过程的长短,不管中间出现何种困难,既然认定了目标,就要持之以恒地继续前行。最后,要坚持鲁班文化的正确激励与引导,培养高校不渝的耐力。

3.4 高校"匠心鲁班"育人的不足

高校"匠心鲁班"育人的用武之地主要在培养高级技能型人才的高职院校。目前来看,高校"匠心鲁班"育人,依然存在着很多不足,影响着高校鲁班教学育人的开展,具体来说,有以下三个方面。

3.4.1 教师方面的不足

高校"匠心鲁班"育人在教师方面的不足,体现在以下几个方面。

一方面,高校教师鲁班文化理解不够,缺乏鲁班文化的知识基础,缺乏对鲁班精神的足够理解,缺乏对鲁班教育资源的挖掘,使得在进行育人的时候,缺乏知识基础与实践基础,使育人工作举步维艰;另一方面,高校教师本身缺乏匠心精神,不能够以身作则,不能够起到很好的示范作用,难以通过深交对学生进行教育。

同时,高校教师缺乏育人的情怀,对立德树人铸魂育人工作不够重视,没有意识到鲁班文化对于高校育人的重要性,没有高度重视鲁班文化在高校育人中的重要作用,没有想办法将鲁班文化融入高校育人活动中,使得鲁班文化要么被搁置一旁,要么游离于高校育人体系之外,造成鲁班文化不能够很好地融入育人活动体系中,这一点是高校教师鲁班文化育人能动性不足的表现。

3.4.2 高校方面的不足

高校"匠心鲁班"育人在教师方面的不足,体现在以下几个方面:第一,对鲁班文化的育人功能缺乏足够的认识,导致对鲁班文化育人的作用没有清晰的认识,所以不重视鲁班文化育人,很多高校没有把鲁班文化育人纳入育人体系中,造成鲁班文化育人的缺失。第二,没有为鲁班文化提供足够的释放空间,比如,没有把鲁班文化育人列入课程中来,没有在实践活动中强调鲁班文化育人,没有在校园文化活动中凸显鲁班文化育人,使得鲁班文化园成了无本之木,无源之水,缺乏足够的载体。第三,在师资队伍建设方面,没有强调鲁班文化育人,将其作为一个必要的要求,融入师资队伍建设里,造成教师队伍对鲁班文化育人重视不够,难以全面开展鲁班文化育人。第四,没有在学生的实践活动中、实习过程中,充分发挥鲁班文化育人的作用,来促进学生的实习实践活动。第五,没有在人才培养中强调鲁班文化育人的作用,将实践型人才、技能型人才作为一个必要的要求,与鲁班文化育人相结合,从而最大限度地发挥鲁班育人的作用。

3.4.3 社会方面的不足

高校"匠心鲁班"育人在社会方面的原因,有认识的原因,有文化传承的原因,也有现实的原因。

第一,传统工匠文化传承缺失。一方面,现在很多人提到工匠精神就是德国、美国、瑞士等西方国家所有,实际上,工匠精神并不是国外特有,中国历史有着丰富灿烂的工匠文化,诸如鲁班、李春等一大批能工巧匠,在历史上留下了光辉印记。随着时间的推移,我们对于工匠文化没有进行有效的传承,导致了技能型人才没有得到足够的重视和培养。另一方面,在消费升级背景下,重塑工匠精神是时代需要,审视工匠精神并进行良好传承,需要当今社会深入思考。中国制造由大变强,不光需要社会重新认识工匠精神,重新认识技能型人才的社会价值,更需要全社会形成对技能型人才培养的大力支持,关心职业教育的发展。

第二,社会对技能型人才的认识片面。一方面,由于长期受到官本位思想的影响,轻视技能,轻视劳动的观念由来已久。社会对技能型人才的认识表浅、片面,技能型人才社会地位、职业收入依然不高,技能型人才的培养面临较大社会压力。高职教育和社会发展是紧密联系、不可分割的,由于社会长期对技能型人才的主观、片面的评价,直接导致了高职教育招生困难、发展缓慢。另一方面,当今社会应该从全新角度,全面科学合理评价技能型人才,弘扬尊重技能、尊重工匠的社会风气,树立劳动光荣,技能出彩,人人皆可成才的社会观念。

第三,社会上唯学历是重,忽视技能培养。首先,在高等教育逐渐进入普及化时代,进入本科层次的学生接受高等教育已经并不困难,高校扩招在一定程度上加大了这种趋势。其次,片面追求高学历,忽视技能培养,使得以技能型人才培养为任务的高校面临巨大的压力,也导致了目前高校毕业生就业市场上,学生找不到合适工作,企业找不到岗位技能人才的矛盾现象突出。最后,随着国家经济转型发展,高品质制造越来越重要,工匠精神被广泛关注,全社会要意识到技能学习对于国家发展和个人成长的巨大意义,支持高职教育发展,重视技能培养,增强职业发展能力。

第4章 高校"匠心鲁班"育人的内容创新

高校"匠心鲁班"育人的内容,除了传统鲁班文化教育内容以外,还应该加入具有思想教育特征的育人元素,突出鲁班文化的育人功能,也使高校"匠心鲁班"育人的开展与实施,更具教育价值。

4.1 理想信念教育

理想信念教育是高校育人的重要核心和重要内容。培养高校学生追求理想信念,树立崇高的理想信念,在理想信念的指导下,实现人生价值,有助于提升高校学生的毅力和意志,有助于帮助高校学生坚定对未来的信心和决心,有助于帮助高校学生始终如一地为了实现伟大理想、伟大目标而不懈奋斗。鲁班文化来源于实践,是千百年来中国传统工匠理想信念的重要积淀,对于理想信念教育有着重要的推动作用,可以为高校学生实现理想信念提供现实基础、情感支撑和精神动力。

4.1.1. 高校学生理想信念教育的分类

根据内容,高校的理想信念教育可以分为如下几个类型:政治理想信念教育、道德理想信念教育和职业理想信念教育。其一,政治理想信念教育。政治理想信念教育指的是在政治方面帮助学生树立正确的理想信念,帮助高校学生形成正确的政治立场,明确正确的政治目标,着眼于帮助高校学生确立远大的政治观,培养积极的政治情感,为崇高的政治目标而不懈奋斗。在当下,表现为实现中华民族伟大复兴的中国梦,建设社会主义现代化强国。其二,道德理想信念教育。道德理想信念教育指的是帮助高校学生在道德方面树立理想信念,主要是帮助学生建立完美的道德人格,帮助高校学生加强自身的品德修养,着眼于帮助学生树立远大、正确的道德观,不断提升学生的道德水平,使高校学生成为一个品德高尚的人,不断完善自我的人。其三,职业理想信念教育。职业理想信念教育在职业方面帮助高校学生树立正确的理想信念,着眼于高校学生树立正确远大的职业观,将自己的工作发展、职业发展与人类进步、国家进步结合起来,成为一个对社会有用、能够造福于他人的职业人,不同类型的理想信念教育相互影响、相互促进、相互交织、相互融合在教育实践中。各种类型的理想信念教育共同作用于高校学生,帮助高校学生成长成才。高校"匠心鲁班"育人,主要从职业理想教育高校学生。

4.1.2 高校学生理想信念教育的重要性

理想信念是人精神世界的重要支柱,是人精神世界的重要目标,是一个人精神世界的重要核心。对于一个人来说,理想信念不坚定、理想信念动摇、没有理想信念,精神世界就会缺乏支柱,就会表现为精神世界的空虚,在精神上就会缺钙。同样的道理,如果一个人具有坚定的理想信念,精神的骨头就会硬,精神世界就会有目标,就会有奋斗的力量。所以,理想信念,是人的重要奋斗目标,为人的发展提供了前进的动力,提高了人的精神境界,是人发展中必不可少的基础元素。目前来看,高校学生处于人生成长的关键时期,理想信念的正确形成,对于高校学生的未来发展至关重要。高校要重视学生理想信念的树立和培育,进一步强化对高校学生理想信念的教育,重视高校理想信念教育,引导学生进行崇高的、正确的理想信念的塑造。

理想信念的科学与否、正确与否,与学生未来的发展密切相关,只有塑造了正确的理想信念,学生在未来才能更为重视自我的进步与提升,才能更好地与人相处,才能更好地发展。高校学生是生力军,是社会大发展、民族大振兴以及国家富强的重要因素,因此,与国家的建设、社会的发展以及民族的振兴联系紧密,在此时代背景下,高校的教育工作者一定要正视这一问题。

高校不但要教授学生科学文化知识,提升学生相关的专业技能,更要培育学生追求远大的理想,树立坚定的信念,在科学文化知识教育中,在专业技能的实践中,不断强化高校学生的理想信念,从而更好地引导和培养学生,保证高校学生有崇高的理想、远大的理想、现实的理想,保证高校学生有着坚定的信念、正确的信念、科学的信念,确保高校学生在社会主义现代化建设中充分发挥自己的才能,充分实现自己的人生价值。

让学生在进行科学文化知识学习的过程中,还能够学会如何更好地进行人际关系的处理,并提升相关的技术技能,从而更好地成长。高校学生在学习的过程中不仅仅要重视自身专业知识和专业能力的提升,还要有远大的追求和梦想,要为自己的未来树立理想。作为高校的教育工作者,更是要了解鲁班文化的作用,将鲁班文化中的强大力量进行吸收,不断强化自身的理想信念,从而更好地引导和培养学生,保证高校的学生有着高尚的道德品质和强大的文化自信、坚定的理想信念,确保学生在未来的中国特色社会主义建设中,能够充分发挥自己的才能,只有这样,才能真正实现自己的人生价值。

4.1.3 鲁班文化对高校学生理想信念教育的价值

鲁班文化是中华优秀传统文化的重要组成部分,是千百年来中国传统工匠实践的结晶。在鲁班文化中,既有理想信念的内涵,也有理想信念的形成过程,更有理想信念的光辉榜样,所以鲁班文化对于理想信念教育有着重要的推动作用,可以为高校学生养成正确的理想信念,提供参考、提供教育。

鲁班文化对于高校学生树立正确的理想信念教育有着如下的价值。第一,鲁班文化里面还有富国、爱国、为国的理想信念,这个理想信念与目前实现中华民族伟大复兴历史伟业的理想信念,与建设社会主义现代化强国的理想信念具有目标的一致性。因此,通过学习鲁班文化,可以以古鉴今,帮助学生树立为国、爱国、富国的理想信念,帮助高校学生形成政治理想信念。第二,鲁班文化的内涵非常丰富,有着丰富的道德操守,有着很多具有典范意义的道德人物,体现着中华民族的道德精髓,可以为学生树立正确的道德理想信念,提供良好的素材。由于鲁班文化是中华传统文化的一部分,中华传统文化的美德在鲁班文化中均有显现,所以,鲁班文化可以说是中华传统美德的文化,通过学习鲁班文化可以很好地提升学生的道德修养,树立正确的道德理想信念。第三,鲁班文化来自千百年来中国传统工匠的实践,是一种职业文化,因此,鲁班文化最大的特色是可以帮助学生树立职业理想信念。鲁班文化经过千百年的传承,虽然生产方式和产品,面对客户有着许多的变化,但职业理想信念一直没有变化,那就是为人民服务,做好产品,精益求精,实现工匠的价值观,这一点可以帮助高校学生形成正确的职业理想信念,做一个合格的职业人。

在理想信念具体实施方面,鲁班文化也有着自己独特的价值:一方面,鲁班文化内容丰富,涉及面广,而且很多内容都是耳熟能详、妇孺皆知的传说故事,这些内容可以作为理想信念教育的内容资源。将鲁班文化融入理想信念教育中,可以丰富理想信念教育的内容,提升内容的亲和力和趣味性,让学生更能够接受理想信念教育,更容易形成理想信念教育。另一方面,鲁班文化也是实践活动的重要内容,我国很多地区有鲁班文化的相关传说遗址,我们日常生产生活所用的很多工具,都是鲁班发明或者是依托于鲁班发明的。利用这些遗址和工具开展实践活动,可以很好地传播鲁班文化,帮助学生树立正确的理想信念。此外,利用鲁班文化中的仪式活动,将其改造成目前学生可以接受的仪式活动,通过增强育人活动的仪式感,提升学生树立正确理想信念的实效性。

4.1.4 传承鲁班文化对高校学生理想信念教育的意义

鲁班文化是高校育人的重要教育资源,传承鲁班文化对高校学生理想信念教育有着重要的意义。

1.鲁班文化丰富了高校学生理想信念教育的内容

良好的职业传统是鲁班文化的核心要素,发挥鲁班文化的育人功能,就是要重点研究职业传统,发扬我们党为人民服务的优秀传统。发扬鲁班文化传统,就是要做发扬鲁班文化传统的先锋,进一步传承职业传统。鲁班文化,包括千百年来、各个时期的历史文化,是职业文化的演化史,具有更加广阔的外延,可以上溯历史、涵盖现实,可以指导未来、延伸到未来。因此,鲁班文化进一步丰富了高校学生理想信念教育的内容,也让高校学生更加明确理想的价值,明确个人理想与社会理想的关系。

同时,学习鲁班文化,高校学生能够更好地理解实现中华民族伟大复兴、建设社会主义现代化强国的重要意义;更深刻地了解实现中华民族伟大复兴、建设社会主义现代化强国的深刻内涵,更深刻地明白作为一名高校学生的所言、所行,更加能够将职业理想信念与祖国的发展联系在一起、与时代发展联系在一起,更能将自己的理想信念以及中华民族腾飞的梦想联系在一起。这样,将个人梦想与中国梦想融为一体,形成正确的理想信念,为未来的学习工作和生活指明大方向,奠定发展的道路。

2.鲁班文化促进了高校学生将理论与实践相结合

关于理想信念的教育理论有体系、有高度、有深度,是教育的重要素材,但是单单有理论,学生很难理解,也很难内化于心,外显于形。因此,在教育中要注重理论与实践的结合,利用实践贴近学生、贴近生活、贴近工作、贴近现实的特点,将理论内化为学生的思想,所以,在理想信念教育中,要充分注意到理论与实践的结合。在以往的理想信念教育中,过分强调抽象化的教育,往往效果并不好,但如果结合实践,会取得很好的效果。

鲁班文化是职业文化,是来自实践的文化,可以说鲁班文化的形成与实践息息相关。在鲁班文化中,我们可以看到鲁班实践的精髓,可以看到千百年来中国千千万万传统工匠实践得出的结晶。可以看出,鲁班文化中的理想信念在实践中形成的真实的、有效的、接地气的理想信念,因此,将鲁班文化融入高校理想信念教育中,可以促进高校学生将理想信念的理论与现实实践相结合,最终将理想信念形成真实的理想信念,而不是虚浮的海市蜃楼。

高校理想信念教育的最终目的,是赋予学生灵魂,是让高校学生在实现中国梦的实践中,放飞青春梦想、释放青春能量,更好地参与社会主义现代化建设,将崇高的理想、坚定的信念落到实处。鲁班文化教育,可以将理论与实践相结合,进一步促进高校学生坚定的理想信念,从而在实践中产生了强大的感召力,并将理想信念不断地内化为自身实践,从而为中国梦的实现,汇聚一股强大的思想力量。

3. 鲁班文化是高校学生理想信念教育的鲜活素材

我们时常谈理想信念,理想信念对我们来说并不陌生。事实上,理想信念教育一直贯穿于我们的学校教育之中,从小学、中学到大学,我们一直在谈理想信念,进行理想信念教育。但有一个很关键的问题,就是在我们的理想教育中,大多数是讲一些理想教育的目标,讲一些理想教育的口号,讲一些理想教育所形成的效果和理想教育的要求,很少有鲜活的理想教育的素材,这一点使得我们的理想信念教育变得枯燥乏味,没有让学生真正得到教育的熏陶与感染。鲁班文化是一种职业文化,职业生活是实现理想信念教育的必由之路,因此,通过职业教育、职业文化的养成,进行理想信念教育,是一个非常好的路径。鲁班文化中蕴含着职业的理想信念,可以说是实现高校学生理想信念教育的鲜活素材,是实现高校学生理想信念教育的重要载体,是实现高校学生理想信念教育的重要路径,因此,有必要加入鲁班文化,作为高校学生理想信念教育的重要组成部分。特别是鲁班文化中有许多实现理想、有着坚定信念的人物榜样,可以作为榜样教育,融入高校学生的理想信念教育中,从而取得良好的教育效果。

4. 鲁班文化是高校学生理想信念教育的营养剂

单纯地讲理想信念教育,会让学生感觉到是为了教育而教育,很难引起学生的心理共鸣,甚至造成一部分学生的反感,很多学生听到枯燥的理想信念教育的时候,甚至排斥,这样一来,往往会使理想信念教育效果大打折扣。鲁班文化中蕴含着丰富的理想教育的内容,同时,鲁班文化也是来自实践的文化,此外,鲁班文化中也有许多生动的、真实的、有趣的故事。

因此,以鲁班文化为教育素材,实施高校学生理想信念教育,往往会使理想信念教育一改枯燥乏味的印象,使理想信念教育变得生动有趣。所以,在高校学生理想信念教育中,可以将鲁班文化作为高校学生理想信念教育的营养剂、作为高校学生理想信念教育的调味剂、作为高校学生理想信念教育的催化剂,让鲁班文化发挥其自身特点,利用文化育人的功能熏陶感染学生,让学生从鲁班文化中汲取营养,认识到理想信念的重要性,自觉加入理想信念塑造的过程中,提升理想信念的质量,树立崇高的理想坚定、正确的信念,成为国家的可用之才。

4.2 爱国主义教育

高校学生具有人生"拔节孕穗期"的特点,是思想成长的关键期,积极探索鲁班文化融入高校学生爱国主义教育的有效实现路径,对增强高校学生内在精神动力、进一步加强学生家国情怀、进一步丰富育人内容、进一步坚定学生立场,有着重要的时代价值和现实意义。

4.2.1 高校学生爱国主义教育的重要性

中华民族的伟大复兴正处于关键时期,为中华民族伟大复兴的实现,注入强大精神动力,需要高校学生高举爱国主义旗帜,深植爱国主义情怀,进一步做好爱国主义精神的传递,将民族的力量充分地凝聚起来,高校需要进一步重视学生的爱国主义教育,进一步将民族精神大力地进行弘扬。现如今,经济全球化的趋势愈加显著,已经进入深入发展的阶段,整个世界范围内的动荡、变革都是非常明显的,世界处于大变化的重要时期,社会思潮不断涌现,进一步冲击着学生的思想意识。在这样的时代背景下,高校要紧抓意识形态,对现有的形势进行清晰的判断,形成科学的认识。高校学生只有正确地认识爱国主义,积极践行爱国主义精神,才能更加有助于中华民族伟大复兴的实现。只有中国的青年学生有了勇挑重担的决心,有了克难闯关的勇气,有了一往无前的精神,中国特色社会主义才能够更加有活力,发展才能更有后劲,国家的未来才能更加地充满希望。

4.2.2 鲁班文化融入高校学生爱国主义教育的必要性

鲁班文化是中华优秀传统文化中的瑰宝,具有中国气派、中国风骨和中国特色,因此,有必要将鲁班文化融入爱国主义教育中。

1. 鲁班文化是爱国主义的特色资源

鲁班文化是独一无二的爱国主义教育资源,鲁班文化将中华传统文化中最为优良的部分进行了很好的继承,在鲁班文化中,也充分体现了爱国主义精神。与其他文化不同,鲁班文化是职业文化,是在职业文化的场域内进行爱国主义精神的宣传与弘扬,展示爱国故事、爱国人物、爱国情怀。特别是对新时期大国工匠的宣传,要结合鲁班文化,要让学生明白大国工匠体现出来的时代精神是鲁班文化的传承。通过结合现实事例,充分发挥鲁班文化的育人作用,增强学生的爱国主义情感,强化学生的家国情怀。

2. 鲁班文化有利于提高爱国主义教育的效果

鲁班文化是开展高校学生爱国主义教育的重要教育资源,在新时期,开发和利用好鲁班文化,可以说是高校育人工作的紧要任务。高校要充分理解鲁班文化所蕴含的爱国主义精神元素与内涵,同时将这种精神内涵与鲁班文化本身结合,实现鲁班文化的升华,既弘扬鲁班文化"主旋律",还要考虑社情的变化,进一步丰富传播的形式,使高校学生容易接受,从而引发高校学生的情感共鸣,进一步激发高校学生的爱国主义热情。这样既保持了鲁班文化本身的严肃性,又把握住了鲁班文化的时代性,提升了鲁班文化的价值以及高校学生对鲁班文化的认同感,提高爱国主义教育的效果。

3. 鲁班文化是爱国主义教育的重要组成部分

鲁班文化是在中国社会发展、劳动人民的实践上形成和发展的。从鲁班文化的内涵来看,职业精神、建设精神是鲁班文化的核心和精髓,两者都是以爱国主义为核心的民族精神。因此,鲁班文化的精神内涵与爱国主义精神实质相同,具有一脉相承的关系。鲁班文化与中国特色社会主义理论与实践也是一脉相承的,都坚持相同的理想信仰和共同的价值追求。因此,开展爱国主义教育,鲁班文化的传承和弘扬是非常必要的。

4.2.3 鲁班文化融入高校学生爱国主义教育的重要价值

在传承、弘扬中华优秀传统文化的背景下,将鲁班文化融入爱国主义教育,具有重要的价值。

1.鲁班文化是深化爱国主义教育的鲜活教材和天然载体

鲁班文化的表现形态,目前主要有两个层面:其一,是精神层面,其二,是物质层面。鲁班文化的分布是比较广泛的,各地的建筑、文艺作品众多,这些都是鲁班文化的最好体现,很多内容将爱国的民族精神进行了非常有力的诠释,也将全心全意为人民服务、无私奉献的高尚思想道德品质进行了很好的体现。爱国主义教育的开展需要更加鲜活的素材,这样才能真正达到爱国主义教育的目的,而鲁班文化中就有着许多很有说服力的素材。鲁班文化与现实相融合,对高校爱国主义教育意义重大,为高校学生实施爱国主义教育工作,提供了重要的、不可替代的天然载体。

2.鲁班文化是应对历史虚无主义思潮对高校学生思想影响的有效武器

现如今,社会主义核心价值观面临着多元价值观的挑战,马克思主义指导思想受到了来自各个方面的社会思潮影响,传统的爱国主义教育方式由于网络新媒体的兴起与发展,迎来了前所未有的挑战。复杂变化的国际国内形势,影响着人们的思想,对高校学生的思想产生了极大的冲击,高校学生呈现了与时代发展紧密相关的新特点,主要体现在历史知识获取呈现"碎片化"的特征、缺乏理性的判断能力,很容易受到多元文化的影响。而历史虚无主义正是抓住了这些特点,以影视、文学艺术、微信、博客等为载体,影响高校学生的思想,对其进行潜移默化的浸染,导致很多高校学生的理想信念出现了不同程度的弱化,甚至出现模糊、价值取向扭曲、思想混乱等较为严重的问题,严重影响了高校学生的思想意识形态。目前,部分高校学生理想信念不够坚定,文化自信心不足,让历史虚无主义有了可乘之机。加强鲁班文化教育,可以深入了解其蕴含的丰富职业精神、了解厚重历史文化,树立对鲁班文化的坚定自信,进一步成为抵制历史虚无主义思潮影响的有效武器。

4.2.4 鲁班文化融入高校学生爱国主义教育的意义

在高校育人活动中,将鲁班文化融入爱国主义教育,具有重要的意义。

1. 有利于弘扬中华精神

鲁班文化内涵丰富,在形成发展、继承发展以及创新发展过程中承载了优秀的道德品质和丰富的精神力量。高校学生爱国主义教育不仅要让高校学生充分认识国家发展历史,更要让高校学生深入了解到以爱国主义为核心的民族精神的重要性,精神的传承才是爱国主义教育的重要内容。鲁班文化是弘扬民族精神和时代精神的文化之源,其重要内容则是长期的奋斗历程以及奋斗过程中所形成的伟大创造精神、团结精神、梦想精神和为实现目标不断奋斗的砥砺前行精神。鲁班文化具有强大的感染力和号召力,始终有其自身的现实价值,是推动高校学生爱国主义教育的重要精神动力。

通过鲁班文化的融入,高校学生的爱国主义教育内容更为丰富,高校学生在感受鲁班文化精神的过程中提升自我思想觉悟和文明素养,从而更好地认识社会、改造社会,增强社会责任感。高校学生是国家的未来、民族的希望,是中国特色社会主义事业持续前进的强大主力军。鲁班文化所蕴含的艰苦奋斗、开拓奋进、顽强拼搏等精神内涵,有助于激发高校学生撸起袖子加油干的斗志,践履高校学生时代的责任和担当,积极思考自身价值与人生的意义,从而在实现中华民族伟大复兴进程中做觉悟者和践行者,贡献自己应有的价值。高校学生接受鲁班文化的相关教育,可以促进其对于我国职业历史的了解,帮助高校学生感受职业与建设中的不易,珍惜现有生活,以及对国家的认同感和完成中华民族伟大复兴历史伟业的意志。

2. 有利于增强国家认同感

鲁班文化有着极其丰富的内涵,在长期职业发展中不断积累,将中华民族优秀的道德品质和精神力量都进行了涵盖,并不断创新向前发展。高校学生爱国主义教育十分必要、意义重大,因此,在开展爱国主义教育工作的过程中,首要的就是让学生对国家发展的历史有清晰的了解,这样才能让学生更加地明确爱国主义的核心精神,高校的爱国主义教育要进一步重视精神的传承、进一步明确教育的内容。

鲁班文化同时承载了民族精神和时代精神,包括伟大的团结精神、伟大的创造精神、伟大的梦想精神和不断前行的奋斗精神。将鲁班文化融入高校的爱国主义教育中,能够极大地丰富爱国主义教育的内容,促使学生在学习鲁班文化的过程中逐渐进行自身思想觉悟的提升,更有助于文化素养的培养,增强学生的责任感。

高校学生是中国特色社会主义事业不断推进的重要动力,国家的发展和民族的复兴,青年是未来的希望,发展离不开青年学生的加入,鲁班文化蕴含了丰富的精神内涵,能够很好地激发青年学生的斗志,勇于担当,积极思考,真正地撸起袖子加油干,更好地践行自己的责任,在中华民族伟大复兴的发展过程中,勇于担当践行者,将价值贡献出来。

3. 有利于提高中华文化的认同感

弘扬鲁班文化,对于高校学生来说,同样有助于传承文化基因。鲁班文化的形成、发展与中华优秀传统文化的形成、发展息息相关。高校学生对于鲁班文化的学习其实就是中华优秀传统文化的学习,了解中华民族的发展历史,清晰了解昨天,正确把握今天,科学预见明天,深入了解中华优秀传统文化蕴含的内涵与价值。在品味历史演变的内在规律、把握历史发展趋向的过程中,看清楚当前中国发展的时代状况和远景目标,带给高校学生更为深刻的感悟,从而推进爱国主义教育的思想认同,激励高校学生在奋斗的过程中,进一步提高对中华传统文化的认同感。

4.3 社会主义核心价值观教育

社会主义核心价值观是高校育人工作的重要内容,鲁班文化是社会主义核心价值观教育的重要素材,对进一步培育高校学生的价值观念、提升学生的思想境界意义重大。

4.3.1 社会主义核心价值观的根本内涵

社会主义核心价值观的根本内涵是以人为本、公平正义。

其一,"以人为本"是社会发展的必然结果,是社会主义的本质规定,是建设有中国特色的社会主义的根本诉求。在社会主义、共产主义社会,人摆脱了资本的奴役而成为生产资料、社会财富的主人,人的自由全面发展成为可能的现实,因而必然形成"人本位"的核心价值。马克思对人的发展进程的认识,体现了历史与逻辑的统一,科学理性与价值理性的统一,表明以人为本,促进人的全面自由的发展,不仅是社会主义的本质要求,而且是整个社会和人类的发展方向,是历史发展必然的价值选择。

其二,"公平正义"作为人类从古到今孜孜以求的社会理想目标,是人类社会文明的基本价值,是社会主义制度的本质要求,是当代中国最切实的价值目标和价值承诺,是广大人民群众最根本的价值诉求。对以马克思主义理论为指导,致力建设有自身特色社会主义的中国来说,确立公平正义为社会主义制度的首要价值,是既符合自身实际又符合时代潮流的政治主张和价值承诺,是满足广大人民群众最根本的价值诉求,是开启新一轮改革开放的基本价值取向和目标。

4.3.2 社会主义核心价值观的功能

社会主义核心价值观通过对社会思潮、社会舆论、社会意识、社会风尚、思想认识、理想信念、精神力量的引领引导、激励约束、凝聚整合而对非社会主义核心价值观以及整个社会价值观体系产生引领、统摄和主导作用。

其一,引领凝聚功能。社会主义核心价值观引领社会风尚、明确社会发展的基本方向、倡导社会正能量;其次,社会主义核心价值观具有强大的渗透力、感染力和价值力量,能够吸引、改造和同化其他价值观主体,使之认同社会主义核心价值观理念,与社会主义核心价值观保持总体协调统一。再次,社会主义核心价值观是全民的最大价值公约数,它凝聚了全社会大多数人的共识,具有最大的社会认同度,因而具有强大的民意基础。

其二,行为导向功能。社会主义核心价值观包含主体的价值理想和价值追求,使主体在面临多个目标、多条道路、多种追求的困惑和客观环境的多重制约时,能够依据价值目标做出明确抉择,坚定人生理想和人生道路。价值观还会帮助主体抵制诱惑、克服困难和挫折,照亮主体前进的道路,引导主体向理想目标前进。

其三,评价标尺功能。社会主义核心价值观内在地包含价值标准。价值标准是主体区分善恶、美丑、是非、真假的内在尺度。有了明确的价值观,则可以明是非、断善恶。

其四,发展动力功能。社会主义核心价值观是理性、情感和意志的统一体。一方面,价值信仰和价值目标对主体散发着强烈吸引力和感召力,使主体迸发无限进取精神。另一方面,理想和信仰的力量使主体具有强大意志力和顽强精神,能够面对实现理想过程中的各种困难和挫折,百折不挠。

其五,行为规范功能。社会主义核心价值观内在地包含价值规范。价值规范能够为主体塑造较为稳定的心理倾向和行为定式。具有明确价值观的人,会习惯性地按照价值规范的要求行事,内在地规范、约束和调节自己的行为和活动方式,从而将人的活动导入可合理预期的轨道。

4.3.3 鲁班文化融入社会主义核心价值观培育的必然性

作为中华民族伟大文明进程中的文化财富,鲁班文化和社会主义核心价值观具有自然的逻辑同一性。此外,鲁班文化所凝结的道德操守、理想信念、价值追求与坚定信仰,其与社会主义核心价值观的内涵具有一致性。

1.二者具有理论的同源性

在理论来源上,鲁班文化与社会主义核心价值观,是一脉相承的,二者传承中华优秀传统文化,也充分借鉴、吸收优秀文化成果,从而孕育形成的精神产品。

一方面,鲁班文化是中华民族传统文化的重要组成部分,中华民族传统文化同样也是社会主义核心价值观的重要来源,在新时代传承发扬中华优秀传统文化也是社会主义核心价值观的重要内容。所以,鲁班文化与社会主义核心价值观有着理论的同源性,有着内涵的一致性,都有中华传统文化的元素,而且鲁班文化和社会主义核心价值观都有帮助学生树立职业理想信念,体现职业价值判断等功能。所以说,将鲁班文化作为社会主义核心价值观的有效内容和有机载体是非常合适的。

另一方面,鲁班文化所包含的先进文化内涵,同样是社会主义核心价值观的重要实践内容。在新的历史时期,社会主义核心价值观主要表现为对马克思主义、中华民族精神和时代精神的传承和发扬,表达了坚定实现共产主义美好理想的愿景,这些又全部蕴含于鲁班文化之中。同时,二者同为教育大众化、时代化的有效载体。鲁班文化的广泛传播,进一步促进社会主义核心价值观教育。鲁班文化所凝结的理想信念、道德操守、价值追求和坚定信仰,包含着为人民服务等道德规范,是社会主义核心价值观的思想文化资源。从物化形态来看,职业文献、职业文物、职业纪念场所等是鲁班文化的物化形式,这些为社会主义核心价值观提供了特有的思想养分。鲁班文化是践行社会主义核心价值观的文化资源、重要素材,同时,是社会主义核心价值观的重要文化基础。

2.二者具有价值同向性

鲁班文化与社会主义核心价值观都在积极践行文化实践,重视文化创造,这也充分证明了鲁班文化与社会主义核心价值观在价值层面上具有同向性的显著特征。从价值研究的角度来看,鲁班文化与社会主义核心价值观之间,二者同样同向合一,同样存在着密切的联系。鲁班文化从其本身出发,就是一部非常壮观的历史画卷,以鲁班文化作为载体,使得社会主义核心价值观得以更加广泛的传播,也提升了传播的有效性。所以,将鲁班文化的内涵,进行深入的挖掘,对其进行有效的开发与利用,深入进行研究,将具有典型的、历史的题材作品推出来,更好地进行职业优良传统的展现,使其成为弘扬主旋律的经典艺术作品,将成为高校对学生进行社会主义核心价值观教育的主要形式;同时,也要注重进行鲁班基地的打造,把鲁班文化的正能量充分体现出来,发挥积极引导的作用,进一步接受价值观教育。此外,在重大节日到来之际,也可以以此为主题,组织相关的集体性活动,比如组织高校学生进行鲁班文化建筑的参观,组织有意义的庆祝活动,让学生充分参与其中,真正切身体会鲁班职业传统和文化,将鲁班文化的价值充分发挥,使得鲁班文化与社会主义核心价值观能够更好地进行融合。

4.3.4 鲁班文化在培育高校学生社会主义核心价值观中的意义

鲁班文化是社会主义核心价值观教育的重要载体,鲁班文化在培育高校学生社会主义核心价值观中具有重要的意义。

1. 鲁班文化有助于高校学生认同社会主义核心价值观

鲁班文化,具有丰富的精神内涵和优秀传统。用鲁班文化资源引领高校学生育人工作,鲁班文化能将高校学生带入历史的时代背景中,有利于加深对职业精神的理解与学习,可以设身处地感受传统工匠的艰辛,进一步有效提升高校学生自身的辨别判断力,进而提升高校学生对社会主义核心价值观的认同感。以情感人、以文化人是促进价值观认同的有效手段。鲁班文化中蕴含着传统工匠们的爱国、爱人民的热忱,其丰富的榜样人物事迹、真挚感人的爱国热情、奋勇拼搏的职业斗志可以有效感染高校学生,净化高校学生的心灵、激发高校学生的斗志,从而增进高校学生的认同感,愿意将其入脑入心。

2. 鲁班文化有助于为高校学生价值观的建构提供正确导向

高校学生在人生成长的关键阶段,应该坚定他们立学、立志和立德的信念,在这个特殊的阶段,学生的价值观很容易受到影响,形成什么样的价值观对青年学生未来的成长意义重大,同时也直接关系到国家和民族的未来发展。现阶段,依然有一部分高校的学生受到了西方思想浪潮的侵入和影响,直接表现为社会责任感不强,过于关注物质生活,贪图享乐,对理想精神的价值取向不予重视。还有一小部分青年学生不注重集体利益,完全地以自我为中心,只重视自己的利益获得情况,利己主义在这些学生中盛行,使得他们的理想信念不够坚定。将鲁班文化与高校学生教育相融合,有助于学生更加重视集体利益,有助于高校学生很好地处理个人与集体之间的关系,能够进一步帮助学生更为坚定地树立正确的价值理念。

3.鲁班文化有助于促进高校学生践行社会主义核心价值观

从如今高校的教育教学开展情况来看,高校的德育课程教学内容还不是很丰富,教学与学生的学习情况、认知需求存在着比较严重的脱节。鲁班文化中包含着众多的经典历史故事,这些故事不仅是真实的,而且非常的贴近生活实际,内涵丰富,也有显著的历史地位,蕴含着丰富的精神价值,是他们奋斗的真实写照,也容易引发学生的情感共鸣。另外,将高校的社会实践活动与鲁班文化相结合,有助于对学生进行思想引导,促进学生将自己的豪情壮志向为了理想而奋斗的动力进行转化,更能促进高校青年学生更好地进行社会主义核心价值观的践行。

鲁班文化的涵盖内容是非常丰富的,这样的真实事迹对学生的教育比单纯的说教效果更好。鲁班文化中展现了不同职业时期的传统工匠的事迹,是国家建设时期的创业英雄,是改革建设时期的改革先驱,他们都是切实的行动者,鼓励学生向这些先进人物学习,不空谈,脚踏实地的学习和工作,身体力行,真正靠自己的真实行动去进行社会主义核心价值观的践行。

4.4 道德教育

鲁班文化中蕴含着丰富的传统美德元素,是道德教育的优良素材。鲁班文化融入高校学生的道德教育,可以强化高校学生的道德修养。

4.4.1 鲁班文化中蕴含的传统美德

鲁班文化中蕴含着丰富的传统美德的内容,具体包括以下几个方面。第一,鲁班文化中蕴含着助人为乐的传统美德。鲁班本人扶危济困、助人为乐,在工匠中有着很好的口碑,因此,千百年来,鲁班文化中蕴涵着助人为乐的传统美德;第二,鲁班文化中蕴含着尊师重道的传统美德。在古代学徒制的教育模式中,尊师重道是非常重要的内容,鲁班文化作为产生于工匠实践的职业文化,具有非常浓厚的尊师重道的色彩;第三,鲁班文化中蕴涵着勤俭节约的传统美德。勤俭节约的传统美德不仅体现在工程中节约成本,更体现在工艺中节约材料,是人与自然和谐的体现;第四,鲁班传统文化中蕴涵着伸张正义的传统美德。鲁班的传说故事中有许多说鲁班打抱不平、伸张正义的故事,因此,鲁班文化中也有着伸张正义的传统美德。

4.4.2 鲁班文化之于高校学生道德教育的时代价值

鲁班文化之于高校学生道德教育的时代价值如下。

1. 鲁班文化教育增强高校学生道德文化自信

道德文化自信是真正地发自内心的,强调的就是对所在国家、所在民族道德文化价值的认同和肯定,是国家、民族的道德文化发展生命力,同时,有着更加坚定的信念,有着强烈的信心。高校的青年学生需要对本国、本民族的道德文化有着强烈的自信心,只有有了坚定的信念,才能获得坚持的信心,才能更好地进行道德规范的自觉遵守,才能对道德的相关要求进行积极的践行。鲁班文化对优良的职业道德传统进行传承,其中蕴含着众多优秀的道德品质,主要体现就是自强不息和无私奉献,这些道德品质历久弥新,能够促进高校青年学生不断增强自己的道德文化自信。第一,鲁班文化教育对于高校青年学生道德文化自信的增强有着重要的作用,能够为其进行优质文化基因的提供。第二,鲁班文化教育能够为高校学生道德文化自信的增强进行强大精神动力提供。第三,鲁班文化教育能够促使高校学生的伦理身份认同感得到增强,能够为学生道德文化自信的形成奠定共同心理的坚实基础。

2. 鲁班文化坚定高校学生道德教育的政治方向

鲁班文化的形成,成为高校对学生进行道德政治教育的重要资源。

第一，鲁班文化能够对高校学生的道德追求起到很好的引领作用，道德追求需要信念、信仰作为引领，在对高校学生进行科学信仰信念引领的过程中，鲁班文化形成的过程实际上也是传统文化传承的过程，可以起到很好的引领作用。

第二，鲁班文化可以作为高校学生道德建设的主要思想根基。道德根基的坚固离不开科学理论的学习，高校青年学生在道德文化自信提升的过程中，鲁班文化能够促进学生为人民服务初心的强化，从而使得道德建设的思想根基得到进一步的夯实。

第三，促进高校学生道德建设价值的体现。"为民"实际上是对道德建设的价值取向的彰显，鲁班文化将为民服务的初心和立场进行了集中的体现，是一直不变的初心，也是因为这个初心真正获得了人民的支持，获得了人民的信任和拥护。

4.4.3 鲁班文化在道德教育中的主要功能

鲁班文化在道德教育中的主要功能如下。

1. 精神导向功能

鲁班文化是传统文化的精华。高校学生的社会意识形态呈现复杂多变倾向，价值追求越来越多元化，亟须带有精神导向功能的鲁班文化，进一步增强对高校学生的凝聚力、吸引力，通过正本清源，从而预防西方不良思潮的腐蚀。因此，要进一步增强鲁班文化精神导向功能，从而为道德教育、道德实践，进一步指明方向。

2. 思想教育功能

高校要利用好鲁班文化，要发挥这一资源宝库强大的思想道德教育功能。鲁班文化中，有许多真挚感人的事例，这是教育的重要素材，也是我国各项建设取得辉煌成就的弥足珍贵的宝贵经验。鲁班文化的精神价值珍贵，为思想教育提供了遵循，也提供了源源不断的养料。

3. 精神激励功能

中国优秀传统文化，激励着中国古代圣贤，成仁志仕兼济天下，其中蕴含着"天行健,君子以自强不息"的思想观念。同样,作为积极进取、昂扬向上的鲁班文化,在价值取向上和中华传统文化保持着内在的一致性,具有强烈的激励功能。鲁班文化的德育功能中,往往表达出催人奋进的精神内涵。由此可见,着力弘扬鲁班文化,在一定程度上,为中华民族伟大复兴提供持续奋进的精神动力,有着重要现实意义。

4.4.4 鲁班文化在高校学生道德教育中的意义

鲁班文化在高校学生道德教育中的意义如下。

1. 满足学生需求

与其他群体相比,高校学生的需要多样且强烈,正处于人生成长、全面发展的关键时期,具有实现理想人格、提升道德境界等精神层次的需要。鲁班文化作为传统文化的宝贵精神财富,蕴含的崇高人格境界、人生追求、先进价值观念和深刻道德内涵,对于高校学生而言,俨然就是无字之碑、无声之书、无言之教。高校学生从鲁班文化中,可以汲取到无穷的智慧和强大能量,从而进一步满足其道德品质完善、精神境界提升,满足文化生活丰富等精神性需求。正是由于鲁班文化满足了高校学生的心理诉求,使其道德教育功能得以生发,从而使道德教育价值得以实现。否则,道德教育实践会由于缺乏内生动力难以取得预期效果,高校学生则不会对鲁班文化有任何热情。

2. 加强情境感化

相对于道德教育的其他内容而言,鲁班文化具有历史久远性、价值潜隐性等独有特点,容易造成高校学生情感上的疏离、心理上的排斥。因此,其道德教育功能的有效发挥,不在于高校学生对知识要点的死记硬背,不在于教育者对鲁班文化概念内涵的深刻讲解,不在于对史实的透彻分析,而是通过承载于鲁班文化中鲜活的人物、感人的事迹、难忘的情境感染人、打动人、教育人。鲁班文化是崇高精神的真实写照,是职业记忆的生动展示,是历史文化遗产不可或缺的重要组成部分。职业精神是其内核与灵魂,一个个职业经典人物、事迹串联的一段段职业记忆尤为珍贵,正是蕴含于鲁班文化中鲜活的人物形象、生动的职业发展史,诉说着职业精神的崇高,涤荡着高校学生的灵魂、有力感染着高校学生的思想、震撼着高校学生的心灵,进一步促使其形成善良的道德意愿、正确的道德判断。

3.加强榜样示范

鲁班文化道德教育作用的充分发挥是通过高校学生对道德榜样的理解、认同,进而产生模仿学习、见贤思齐、付诸实践的积极心理。由此可见,承载于鲁班文化中的感人的英雄事迹、鲜明的英雄形象,进一步形成道德榜样模仿的强大内驱力,以其可信、真实的特质令高校学生信服,进而对大国工匠产生喜爱与信仰之情。由此,高校学生对承载于鲁班文化中的大国工匠,进一步发展为行为上的积极模仿,由心理上的不断趋同,发展为情感上的高度认同。大国工匠时刻感召和激励着高校学生,进一步帮助高校学生提升道德境界、从而完善道德追求、成就道德人格。

第5章 高校"匠心鲁班"育人的师资建设

高校"匠心鲁班"育人的师资,是高校"匠心鲁班"育人开展的重要因素,也是决定性因素,因此,重视高校育人的师资建设,是开展高校"匠心鲁班"育人活动的关键与前提。目前来看,高校德育课、高校专业课、高校实习、高校日常生活管理都可以成为高校"匠心鲁班"育人的场所,因此,高校的德育课教师、专业课教师、实习师傅和高校辅导员,都可能成为高校"匠心鲁班"育人的师资。

5.1 高校"匠心鲁班"育人的德育教师培养

对于高校"匠心鲁班"育人来说,德育课显然是一个主要的开展平台,因此,高校德育课教师就成为高校"匠心鲁班"育人的重要推动者。

5.1.1 德育教师能力的提升

想开展好高校"匠心鲁班"育人,首先要提升高校德育课教师的能力。

1. 理论功底素质

对于高校德育课教师来说,要加深理论功底,才能开展好高校"匠心鲁班"育人。一是鲁班思想理论及相关理论。不仅要熟悉其理论的主要观点及内核、实质,更重要的是掌握理论与中国实际的联结点,掌握熟练运用理论阐释社会发展现状的能力。二是既要熟知整体历史发展脉络,同时又要善于挖掘鲁班文化中的典型人物、典型事件应用于德育课教学,教学中,要将历史唯物主义思想贯穿始终。既要把握好历史发展的偶然性,又要把握好历史发展中的必然性,注重挖掘历史发展的内在规律。三是关注有关科研成果,作为高校德育课教师授课的绝佳素材。

2. 教育教学能力

对于高校德育课教师来说,要提升教育教学能力,才能开展好高校"匠心鲁班"育人。一是将教材体系进一步转化为教学体系的能力。高校教师需要在教材内容的基础上将鲁班文化教学资源充实到教学内容中,需要高校教师根据学生特点,不断提高将教材体系向教学体系转化的能力,即我们常说的"备教材"。二是把握高校学生思想特点,丰富教学内容、改进方法的能力。把握高校学生思想的问题,钻研高校学生的思想特点,是高校德育课教师提高德育课针对性、实效性必须面对的课题,也是鲁班文化融入的德育课教材的必备能力。三是将严谨理论转化为生动语言的能力。在鲁班文化教学中,高校教师将高深的理论通过教学资源运用、教学活动、案例分析、生动讲解等途径,以深入浅出的教学话语传递给高校学生。四是运用各类新媒体手段开展课堂教学的能力。开展鲁班文化教学的时候,可以将各类新媒体手段巧妙运用到课堂教学中,既能活跃课堂氛围,又能吸引高校学生的注意力,同时,结合一些相关的话题如大国工匠等,对一些"热度"高的议题的点评分析也有助于高校学生理性看待一些"热"现象,增加一些"冷"思考,有助于深化德育课教学的效果。五是运用各类教学资源开展实践教学的能力。要挖掘地方的鲁班文化元素,注重因地制宜、因势利导,充分挖掘所在地、所在校的有关实践教学资源,将课堂教学中的教学重难点、高校学生疑惑点有机融入实践教学,充分发挥实践教学的优势和功用。

3. 高校文化基因能力

在开展鲁班文化教学的时候,高校德育课教师则主要应从鉴别力、学习力、表达力三个方面入手,加强课上课下对高校文化基因的引领。一是高校文化基因鉴别力。高校德育课教师应具备较强的高校文化基因辨别力,帮助高校学生分辨清楚各个思潮背后的高校文化基因色彩,提高高校学生的政治敏锐性和高校文化基因能力,从文化基因角度传授鲁班文化的思想与价值。二是高校文化基因学习力。要善于学习钻研各种社会思潮、各种社会舆论的高校文化基因色彩,运用高校文化基因引领舆论、学习专研推动思潮的方法、手段,通过学习钻研方能"知己知彼,百战不殆",并应用于鲁班文化的传播。三是高校文化基因表达力。高校德育课教师更需要在课堂加强高校文化基因引领,而引领的首要做法就是表达,对于鲁班文化来说,要突破传统,创新表达方式,更让高校学生接受。

4. 学术科研能力

对于高校德育课教师来说,要提升学术科研能力,才能开展好高校"匠心鲁班"育人。以研促教,是提升教学质量的必由之路。一是钻研教学重难点、热点问题的能力。讲好鲁班文化的难点和热点问题,是高校德育课教师亟待解决的理论问题和实际问题。这些问题既带有根本性的理论问题,也带有普适性的教学实际难点,还有与教学有关的热点问题,通过学术钻研的方式解决十分有必要。二是钻研高校学生德育教育规律的能力。把握高校学生思想特点,从中把握高校学生德育教育的规律性认识,这就需要高校德育课教师加强对高校学生德育教育的钻研。三是钻研授课课程相关知识的能力,德育教师可以拓展知识面,全面了解鲁班文化以及现代社会的传承与发扬,来回馈教学,提升教学水平。

5. 教学改革能力

对于高校德育课教师来说,要具有教学改革能力,才能开展好高校"匠心鲁班"育人。一是规划教学内容的能力。针对高校学生的特点、教学的需要规划教学内容,是有助于提高教高校学生能动性、针对性的重要方法。二是改进教学方法的能力。鲁班文化融入德育课也要站在时代发展的前列,加强教学方法的改进和新教学手段的应用。虚拟现实科技、慕课、平台辅助教学等最新教学方式都已进入德育课课堂,这也对"德育课如何上"提出了新的命题。三是创新教学模式的能力。高校德育课教师要清楚鲁班文化的特点,根据教育教学规律、结合自己的教学经验,不断总结、凝练,形成了许多可推广、可复制的教学模式。

6.终生学习能力

对于高校德育课教师来说,要具有终生学习能力,才能开展好高校"匠心鲁班"育人。要成为合格的高校德育课教师,就要成为"专家"和"杂家"。成为"专家",是要做德育教育的行家里手、德育课教学的业内人士;成为"杂家",是要尽可能掌握更多领域的知识,特别是高校学生关注的领域、高校学生需要的领域。对于鲁班文化教学也是如此,鲁班文化教学涉及面广,而且与时俱进,更需要教师经常补充知识、完善知识体系。这就需要高校德育课教师树立终生学习的理念,进一步掌握终生学习的能力。只有始终把学习的成果纳入教学工作中,德育课的教学才能始终为高校学生喜欢,高校德育课教师才能永远成为高校学生的知"心"人。

5.1.2.德育教师素质的要求

想开展好高校"匠心鲁班"育人活动,对高校德育教师的素质有一定的要求。

1.深厚情怀是高校德育课教师育人的内在品质

深厚情怀是高校德育课教师育人的内在品质,也是开展鲁班文化教学的必备素质。一要有家国情怀。高校德育课教师身肩重任,影响着高校学生核心价值观的形成,必须要有深厚的家国情怀。二要有仁爱情怀。要关心高校学生,爱护高校学生,关注高校学生健康成长。三要有鲁班文化情怀。传道授业解惑是高校教师的职责,高校德育课教师要传好鲁班文化之"道"。

2.与时俱进是高校德育课教师育人的必备能力

与时俱进是高校德育课教师育人的必备能力,也是开展鲁班文化教学的必备素质。在鲁班文化教学中,高校德育课教师要根据新时代高校学生的特点,加强分类指导,着力因材施教,引导高校学生学深、悟透,要更好地讲好课,不断地提高自己素质,与时俱进。首先,高校德育课教师要坚持高校教师先受教育,形成扎实的理论功底,创新育人途径,并引导高校学生树立辩证思维。其次,高校德育课教师要有战略思维,在德育课教学过程中,要随时代、形势变化而不断更新教学理念,了解时代特征,提升自己的理论修养。

3.视野开阔是高校德育课教师育人的素质保障

视野开阔是高校德育课教师育人的素质保障,也是教学实效性的素质保障。在鲁班文化教学中,一要有知识视野。高校德育课教师要多涉猎心理学、社会学、文学、伦理学等各个学科的知识,拓宽知识系统,全方位、多层次地讲解专业知识。二要有历史视野。要深刻领悟中国历史,体会中国发展历程,才能深刻理解鲁班文化,讲好中国故事。三要有国际视野。高校德育课教师要客观地认识中国,在充分了解中国发展规律的前提下,关注国际环境,了解世界发展规律,树立大局思维,培养国际能力,结合鲁班文化,要给高校学生讲解"中国方案",带领高校学生感受强大的中国力量,增强爱国主义思想情感。

4.严于律己是高校德育课教师育人的高尚品质

严于律己是高校德育课教师育人的高尚品质,也是开展鲁班文化教学的必备素质。在鲁班文化教学中,高校教师要做高校学生的表率,要常自省,只有严格要求自己才能给学生树立模范典型。高校德育课教师要坚持学习,注重高校学生的专业培训,提升自己的能力水准,言传身教。高校教师要坚守严格的师德师风,树立自律意识,制订自己的底线标准,清正廉洁,做好高校教师模范。

5.师德端正是高校德育课教师育人的重要前提

师德端正是高校德育课教师育人的重要前提,也是开展鲁班文化教学的必备素质。在鲁班文化教学中,高校德育课教师人格要正,作风要正,要展现特殊的人格魅力,积累丰富的理论素质,立足高校学生的专业领域,着眼高校学生的身心特点,提升亲和力,为高校学生传道、授业、解惑。以传授学习之道为基,做人之道为本,爱国之道为根,笃行致远,做高校学生的知心人、热心人和引路人,培养新时代能够担当民族复兴大任的中国高校学生。

5.1.3 德育课教师提升的途径

开展好高校"匠心鲁班"育人活动中,德育课教师提升的途径,具体有如下几个方面。

1. 重视文化素质

在高校"匠心鲁班"育人活动中,提升高校德育课教师的文化素质,要多举措并用,主要表现在:第一,引导高校德育课教师转变文化观念。认识到开展文化工作不仅是高校教师专业发展的需要,也是高校学生提升办学层次的需要。第二,多渠道增强高校德育课教师的文化能力。首先,高校要从校内外选聘一批高水准的学术专家组成顾问团。其次,要鼓励和组织高校德育课教师分批次到其他高校或文化单位进行考察、学习。最后,高校要加强文化队伍建设,让每一位高校德育课教师都能在团队合作中提高自己的综合文化能力。第三,高校要建立考核制度、文化奖励,结合德育课教师的文化现状,建立完善、科学、可行的文化奖励、考核制度,拨专项经费定期举办校内学术交流活动,对积极参加文化工作的高校德育课教师给予资金支持,对文化成果显著的高校德育课教师,要给予大力表彰和奖励。

2. 加深德育理论功底

在高校"匠心鲁班"育人活动中,要注重加深德育课教师的理论功底。首先,要静下心来深入学习鲁班文化知识,能用鲁班文化知识的观点、立场、方法分析、解决现实问题。其次,要通过线上学习、线下学习相结合,集体学习、个人学习相结合的形式,深入学习鲁班文化。最后,要广泛涉猎其他学科的相关知识,做到融会贯通。只有不断加深历史文化底蕴和提高科学人文素质,鲁班文化的教学才能达到应有的深度和广度。

3. 转变教学理念,创新教学方法

在高校"匠心鲁班"育人活动中,在教学理念层面,高校德育课教师要通过采用项目化教学、模块化教学、混合式教学等形式,构建适应本校人才培养目标的德育课程体系。通过实地走访、考察调研、现身说法等活动,打破德育课教学的传统模式,努力探索出具备职业教育特色的德育教学模式。在教学方法层面,要重视信息科技能力在教学中的重要功用,通过积极参加集中培训、专项辅导、技能竞赛等活动,全面提升信息科技水准和能力。

4.德育高校教师应保持正确的价值观

在高校"匠心鲁班"育人活动中,在上课过程中,高校教师通过言传与身教的方式,可以为高校学生做正确的价值导向。在复杂的社会中,德育高校教师应引导高校学生明辨善恶是非。德育高校教师要传播社会的正能量,通过自己树立一个良好的引航员的形象。

5.2 高校"匠心鲁班"的专业教师培养

高校教师,不仅要教书,更要育人,高校专业课教师要充分挖掘课程中所蕴含的鲁班文化要素,提高工匠精神意识,提升育德能力。

5.2.1 高校专业课教师育人现状分析

目前,高校专业课教师育人情况不容乐观,高校专业课教师的育人功能没有发挥出来,具体现状体现在如下几个方面。

1.思想认识上的偏差

相当一部分高校专业课教师认为:育人是高校德育课教师和高校辅导员的事,与自己无关;高校专业课教师的本职工作就是教好书,教会高校学生技能。事实上,高校专业课教师的言传身教、以理服人、以身作则,对高校学生的职业道德培养,有润物无声的影响。

2.主观能动性上的不作为

部分高校专业课教师"不懂德育""不会德育""不愿德育"。如果一个高校专业课教师疏于时事要闻的关注,疏于理论持续学习,疏于关心国家大事,他很难有敏锐的政治敏感度,所以很难懂得德育;更不会从专业课程中挖掘出与时代结合紧密、高校学生易于接受的"德育要素",进而引导高校学生树立正确的"三观";也有高校专业课教师怠于精心备课,为了避免麻烦，不愿意实施"课程思政"教学。

3.教学能力上的不足

"德育"有效地融入专业教学，涉及教学方法、策略等多个方面。部分高校专业课教师虽有育人意识，但缺乏顶层设计，未能将专业知识本身蕴含的德育要素挖掘出来；更多地高校专业课教师缺乏有效方法，没有合适的融入途径，德育内容与课堂教学内容本身脱节，生搬硬套，不仅达不到良好的教育效果，反而可能会使高校学生产生抵触的情绪。

4.积极性有待进一步调动

高校专业课教师的教学科研任务相对较大。高校学生进行德育工作是良心活，关于合格的标准也不够明确，因此不少高校专业课教师还是上课就来、下课即走，更愿意去写专业论文、做专业研究，课堂上只关注科学知识的传播，不太关心高校学生的思想状态，所以参与育人工作的积极性不高。

5.考评与激励机制有待进一步完善

如何认定与考评高校专业课教师参与高校学生德育工作很难，主要体现在考评体系不够健全、考评标准不够明确等方面。同时，激励政策相对缺乏，不能调动高校专业课教师的积极性，从而造成高校专业课教师参与育人的荣誉感与责任感不强。

6.工作职责有待进一步明确

随着立德树人工作的推进，越来越多的高校专业课教师关注高校学生的德育工作，但就如何参与、怎样参与这项工作，很多高校专业课教师还处在摸索的阶段。可见，对高校专业课教师来说，育人具体指导意见、工作内容和工作职责，仍需进一步的明确。

5.2.2 高校专业课教师育人能力的要求

高校专业课教师应该主动适应新时代的新要求，在努力提升自己专业水准和学术水准的同时，还应努力提升自己的德育素质和德育育人能力与水准。

1. 明确角色定位，是高校专业课教师德育育人的基础

高校专业课教师在专业教学中主动进行高校学生德育教育，仍然存在一些实际困难。这主要是因为长期以来，大家普遍认为高校学生德育教育的责任在高校的德育课教师和高校辅导员，高校专业课教师没有德育教育的责任，在专业教学要求中也没有提出明确的德育要求。尽管高校专业教师的职责是"教书育人"，但普遍观点认为德育教育并不是高校专业课教师"育人"的分内责任。这可能是因为高校专业课教师对"德育工作"的理解与"育人"功能定位的理解出现了偏差的原因。高校专业课教师应充分发挥自己的专业优势，自觉担当德育育人责任，有效利用课堂教学、实践教学、创新指导等教学实践活动，既"教书"，又"育人"，让高校学生在学习专业知识的同时，还要学会做人做事。

2. 执着理想信念，是高校专业课教师德育育人的根本

育人工作与德育工作具有相近的内涵，高校专业课教师要深入学习、领会理论知识，执着"四个"自信，自觉践行核心价值观，通过学习，准确把握、准确理解马克思主义思想的思想精髓，并将学习收获内化于心，就目前高校学生的思想现状开展针对性的教育工作。

3. 弘扬高尚师德，是高校专业课教师德育育人的保证

作为高校专业课教师，在教书育人的过程中，"言传"与"身教"的高度统一是至关重要的，对高校学生良好习惯的养成，社会公德的培养，做人品德的形成都会有潜移默化的功用。高校专业课教师应不断加强自我修养，要以高尚的师德、正确的思想来引领高校学生成长，做高校学生的好榜样，对高校专业课教师来说更应如此。高校专业课教师严谨、认真、负责的态度、全身心投入教学工作的敬业、乐业精神和严加管理的行为，对高校学生也会产生良好的引导功用。

4. 具备扎实学识，是高校专业课教师德育育人的保障

作为高校专业课教师，为了当好高校学生的人生引路人，履行好教书育人的职责，高校专业课教师要不断完善自己的理论知识结构和专业知识体系，不断提升自己的教学能力和教学水准，不断提升自己的科研能力和科研水准。高校专业课教师应熟知自己的学科前沿和学科发展趋势,精通自己的专业领域和科技发展现状,懂得遵循教育教学规律和高校学生认知事物的过程,引导高校学生主动去思考,积极去实践,乐于去创新。

5. 拥有仁爱之心,是高校专业课教师德育育人的关键

高校专业课教师在实施教育教学过程中,心中一定要把高校学生放在第一位,思高校学生所思,想高校学生所想,换位思考,严管厚爱,杜绝简单说教,伤其自尊,争做高校学生的良师益友。要像对待自己的高校学生一样,时时关心高校学生的学习与生活,关注高校学生的心情与情感,对高校学生充满爱心和耐心。

5.2.3 高校专业课教师育人能力提升的途径

高校专业课教师育人能力提升的途径。

1. 提高育德意识

一是所有的高校专业课教师都承担育人使命,都应思考如何不忘育人初心,明确立德树人根本任务。二是要克服"不懂、不会、不愿"这些难题,发挥高校专业课教师本人的主观能动性,要加强政治理论学习,加强教育教学文件的学习。

2. 提升育德能力

其一,理清"课程思政"建设思路。定位"课程思政"教学目标,践行以高校学生为中心的理念,重视顶层设计,运用教育新科技手段,通过有效方式传递正能量,落实立德树人根本任务。充分挖掘"德育要素",使之有效渗透到专业课的每一个环节,体现寓道于教、寓德于教、寓教于乐。这就涉及教学策略、方法及教学手段的实施。

其二,创新"课程思政"教学的策略方法。要深入分析学情,掌握高校学生的特点及应对方法。一是内容上要"新",针对高校课程的特点及学情实际,应以岗位职业能力分析为依据,确定教学目标,设计课程内容,注重课堂信息的新颖性、生动性与实用性;二是授课方式要"新",贯彻以高校学生为中心的教学理念,教、学、做、评各环节结合信息化手段组织教学。课程中采用示范教学、情境教学、角色扮演、问题导入、专题嵌入、案例讨论、故事讲述等隐性渗透方法启发引导高校学生,将价值引领于知识传授中,让高校学生成为课堂的"主人"。

其三,提升"课程思政"高校专业课教师自身素质。作为高校的高校专业课教师,不仅要有渊博的知识、精湛的技能,还要有高尚的情操、育人为乐的情怀。不仅要以精彩的课堂教学吸引人,还要以身作则、以身示范、以平时行为去感召人。

其四,"请进来、走出去"加强学习交流。"请进来",邀请行业专家开展讲座,参与专业课程现场教学。"走出去",高校专业课教师争取机会参加外出培训,听取国内外著名专家、学者授课,开阔思路,学习顶层设计方法;紧密对接专业的社会需要,与企业单位充分交流,了解企业单位文化,了解行业发展前沿趋势,把高校学生的小课堂和社会的大课堂结合起来;再者,同"课程思政"建设走在前列的高校交流,学习先进实践经验进行有效借鉴,回到高校后,要和专业课程的团队成员分享;邀请高校德育课教师参与"课程思政"专业课的教学改革,通过政策解读、文献研究、头脑风暴、教学研讨等方式,加强同行交流,相互学习、相互借鉴、取长补短,形成团队合力。

5.2.4 基于鲁班文化加快建设"双师型"专业课教师队伍

由于鲁班文化是职业文化,广泛适用于专业教育。所以,可以基于鲁班文化,培养既有理论教学能力,又有实践能力的"双师型"专业课教师队伍。

1. 高校"双师型"教师队伍建设的内涵

高校有自身的办学特色,企业有自己的发展优势,如果将两者各自所长相互结合,可以扩大人才培养途径,将有利于高校鲁班文化的培育与思想政治教育的融合。高校教师人才队伍的建设必须要针对高校的办学目标和办学任务,高素质技术技能人才的培养离不开专业的教师队伍,"双师型"教师队伍符合我国高校的办学特点,能够保障我国高校的办学质量。"双师型"教师队伍包括具备扎实的专业技能知识的教师,包括具备实践操作技能的教师,要具有综合性。"双师型"教师使得学生既有在学校进行基础学习的老师,又有在校企联合办学的条件下的企业实习老师,将现代教育与传统技能传授师徒学习模式相结合起来,对学生进行高效的培养,是理论与实践相结合的突出表现。

2.鲁班文化视角下高职"双师型"教师队伍建设的意义

工匠与"双师型"教师,从很多方面具有很大程度的契合性。在定位方面,工匠是技能的传承者,而"双师型"教师是知识、技能的教授者、传播者;在目标追求方面,工匠追求精湛技能、完美品质,"双师型"教师专注理论与技能水平提高,同时力求提升课堂品质;在社会作用方面,鲁班文化和工匠文化自古就有中国气质,高校"双师型"教师是加快推进中国职业教育现代化的关键要素。在鲁班文化视角下,高校"双师型"教师队伍建设的意义是:第一,随着供给侧结构性改革持续推进,我国在高端制造领域,关键技术的"卡脖子"问题越发凸显出来。可见,我国进一步推动产品质量革命已经刻不容缓,因此,我们更加需要鲁班文化的支撑。高校"双师型"教师要深耕专业前沿,要敢于突破传统,要坚守专业梦想,要善于推陈出新,要成为传承、发展、践行鲁班文化的重要力量。

第二,当前,社会对高级技术技能人才的需求日益紧迫,我国企业对劳动者素质的要求变得越来越高。高职"双师型"教师要善于将行业企业的新的规范、新的工艺、新的技术融入教育教学教材中,要准确把握关于国家职业教育改革的文件精神,要善于打破学科体系以及知识本位的桎梏,更加善于在仿真环境、真实环境下进行教学,做到理论联系实践。

3.鲁班文化视角下高职"双师型"教师队伍建设路径

由于目前我国高校"双师型"教师队伍建设起步比较晚,所以在一定程度上影响了相关教学活动,因此,企业与高校在合作教学的过程中,要着重加强对教师队伍的考核,提高教师的培训,国家在高校"双师型"教师的职称评审方面,要进一步建立健全相关规定,进一步出台有效政策引导"双师型"教师队伍的建设。同时,政府要加大教师队伍建设的资金投入,加快高校"双师型"队伍建设的研究工作,形成激励机制,让高校立足于办学的实际情况，进一步优化教师队伍结构，实现高校鲁班文化培养目标。

(1)筑师德建设之基

"双师型"教师要重视师德师风，要践行高尚的师德，发扬优良的师风，进一步落实高校立德树人根本任务。其一，高校将立德树人放在教育的首要位置，要以营造、尊崇鲁班文化的浓厚文化氛围为教育切入点。高校大兴学习鲁班文化之风，也要大兴学习师德楷模之风，要举办企业能工巧匠进学校活动，教育广大高校教师恪尽职业操守，明确以鲁班文化为其道德标杆，要牢记教师育人使命，坚定教师职业信仰，同时，厚植爱国奉献情怀，以自身德行影响学生，以情怀大爱感染学生。其二，高校要坚持以师德师风系列教育活动为育人载体，进一步教育广大高校教师端正教学态度、严格遵守学术道德、全面规范教学行为，进一步展现匠心，教好书、育好人。

(2)铸理念创新之魂

只有勇于改革创新，进一步树立创新思维，高校"双师型"教师才能不断掌握新的知识、新的工艺、新的规范、新的技术，才能具有创新活力。其一，高校制订"双师型"教师学习计划和创新计划，把营造好学之气以及创新之风作为高校的硬核任务，进一步教育引导广大高校教师树立好学、尚新理念，进一步强化高校教师终身学习意识，从而激发高校教师思维创新。其二，高校要引导广大高校教师进一步树立能力本位的理念，把提升高校"双师型"教师专业能力，作为学校师资队伍建设的重点。

(3)强能力建设之要

鲁班文化强调技能精湛。高校"双师型"教师不仅要精通理论，而且要精于技能，不仅能讲授学生理论知识，还要能传授学生专业技能。众所周知，高职教育以培养高素质技术技能人才为目标，因此，不断提升专业能力是高校"双师型"教师的根本任务和重要基础。高校"双师型"教师要具备高超、熟练的专业技能，只有这样，才有能力为各行各业培养出"大能手"。其一，高校要未雨绸缪，完善、制定高校"双师型"教师能力素质建设的中长期规划，积极联系培训项目，进一步拓展培训渠道，充分整合培训资源，从而组建具有专业特色的高校"双师型"教师团队，将高校教师的师德师风、鲁班文化、理实一体化、教育知识理论、专业技能、信息技术等内容作为重要的培训内容。其二,高校为"双师型"教师搭建了其能力展示平台,高校要组织"双师型"教师参加各级各类职业教学能力比赛、校本教材编写比赛、课程开发与应用比赛、实训教学风采比赛、教育教学改革研究、"双师"示范课比赛等,以赛促教,以比赛和项目为平台,充分展示高校"双师"能力,并鼓励高校教师,将行业的最新成果和新鲜经验,进一步运用于课堂教学、实训教学,进一步促进高校教学改革创新和高校"双师"能力提高。

(4)走合作共享之路。

众所周知,合作共享是高校"双师型"教师队伍建设的有效方法。目前来看,工学结合模式、校政合作模式、产教融合模式以及合作育人模式是促进高校进一步实现可持续发展的必经之路。高校"双师型"教师通过服务社会、参与企业、才能深入了解新工艺、新技术的应用、发展,进一步准确把握经济社会发展趋势。其一,高校与政府部门开展合作,在高校教师待遇、教师培训交流、培训资金投入、教师人才引进、教师项目合作等方面争取支持。其二,高校与行业企业开展合作。高校要定期或不定期选派"双师型"教师到企业进行挂职锻炼、进行跟岗实践,熟悉设备操作规程、学习生产管理经验、洞察前沿技术运用、攻关一线技术难题、参与技术产品研发,进一步探索专业教师"技师型"培养机制;与高校"双师型"教师共同建设教改项目、共建教学创新团队、共同指导学生训练,采用人员互换等方式,柔性引进企业技术骨干来到高校,探索企业技师"教师型"培养机制。

(5)立制度建设之本

严格制度标准是建设"双师型"教师队伍的一个重要保障。其一,准入制度要严格。高校要借鉴国际经验,进一步对"双师型"教师选聘标准、选拔范围、任职资格、层级认定等诸多要素予以充分明确,进一步为实现"双师型"教师队伍长远发展,奠定坚实基础。其二,人才引进制度要严格。高校要明确制订人才引进实施办法,在引进原则、引进方式、引进对象、引进程序,以及高校教师政策待遇和管理使用等诸多方面,进一步做出详细规定、说明。同时,高校要积极探索柔性引才策略,真正把善育人、能育人、会教书、教好书、能做活的优秀"双师型"教师引进来,参与到教学工作中去。其三,培训管理制度要严格。高校进一步完善"双师型"教师到企业培训制度,对培训对象、培训内容、培训形式、培训时间、培训考核等做出具体规范、规定。其四,考核评价制度要严格。高校要定期对"双师型"教师团队以及"双师型"教师进行综合评定,进一步提高行业企业、培训评价组织的评定权重,同时将考评结果运用于优秀"双师型"教师评选、"双师型"教师名师选拔、"双师型"优秀教学团队评选、"双师型"教师专业技术职务晋升等。其五,高校经费保障制度要严格。高校要设立专项经费,将高校"双师型"教师的培训研修、实践活动、科研活动、场地建设、设备采买等方面的经费列入财政预算,必须严格做到专款专用,从而进一步为高校"双师型"教师队伍建设,提供坚实物质基础。其六,企业培养责任要明确。政府通过立法等形式,明确企业参与"双师型"教师队伍建设的责任、权利,可以进一步激发企业参与高校"双师型"教师队伍建设的积极性。

5.3 高校"匠心鲁班"育人辅导员的提升

高校辅导员应发挥文化的思想教化功用,把传统文化、现代文化、流行要素融合,自觉承担起高校学生的育人责任,展现文化自信魅力,丰富高校学生的精神文化世界。其中,鲁班文化应该成为文化育人的重要内容。

5.3.1 高校辅导员育人工作的职责

高校辅导员的首要职责,是通过德育实施价值引领。因此,高校辅导员要研究和改进自己的工作方法,分析探讨如何带领高校学生有效地实施核心价值观教育,帮助学生树立"四个自信"和"三观"。

高校文化育人与德育相互影响又相互促进,文化贯穿教育活动的各个环节。高校文化育人和德育都是潜移默化、循序渐进地塑造人、培养人、发展人。高校校园文化是社会主义文化的重要组成部分,其核心价值观决定着思想文化建设的方向,决定着高校文化建设的方向,决定了高校辅导员进行德育和文化育人的方向。

高校辅导员职责是党团和班级建设,入党积极分子的培养和教育,高校学生骨干的选拔、培养、激励,高校学生党员的发展、管理,高校学生党支部、班团组织的建设。这些都是高校辅导员进行文化育人的契机。高校辅导员通过开展班级、基层高校学生党支部丰富多彩的活动,通过加强对高校学生干部、党员、入党积极分子的培养,引领高校学生按照核心价值观要求,弘扬中国文化,推动核心价值观建设。高校学生骨干、入党积极分子和党员,通过参与文化实践,通过分享学习体验感悟,潜移默化地接受感染、熏陶。

高校辅导员的职责是高校学生平时管理,把握高校学生思想发展方向,包括入学教育、毕业生教育等。高校辅导员与高校学生接触最为自然,把握高校学生的情绪,了解高校学生的要求,贴近高校学生的情感,了解高校学生的所思所想,指导文化活动的开展,提高文化育人的实效性。

高校辅导员的职责是互联网德育。坚持引导高校学生弘扬主旋律,创作互联网文化作品,传播正能量是高校辅导员的功课。高校文化育人和德育的开展,都需借助互联网载体,向高校学生传递高校文化和德育内容,依托电子邮件、博客、微博平台、微信等新的教育载体,开拓高校校园文化育人的新途径。

5.3.2 高校辅导员"匠心鲁班"育人的实施路径

高校辅导员育人的实施路径如下。

1.高校辅导员提升自己的文化素质、文化自信

高校辅导员充分利用鲁班文化,在工作中提升能力,特别是文化育人的能力。高校教育以培养高校学生文化素质为基础,高校辅导员应在传统文化学习教育的基础上不断提升教育内涵,在工作中创新工作方法和育人理念,用科学的方法提升高校学生的文化自信。在此过程中,要求高校辅导员要加强自己的文化认知,提高文化素质,从而达到良好的育人效果。一方面,高校辅导员要在思想上提高认识,增强责任感和使命感,尊重高校学生个性发展,提升自己的文化理念,对传统文化的认知有所提升,平时注重加强对传统文化的学习,不能故步自封僵化于自己专业而有所限制,通过文化的交流来展现人文关怀,把素质教育融入文化培养中,在文化自信中不断地探索,拓展自己的视野,丰富自己的内涵,成为全面发展的人。另一方面,高校辅导员要丰富自己的知识结构,以文化推动职业的发展,整合规划完整的文化培养思路,度过职业倦怠期,增强自己的创新意识,把握高校学生的心理发展特点,并以此开展针对性的工作。同时,高校要创新文化考核制度,注重师德育人方面的考量,提升高校辅导员的文化水准,强化考评制度,搭建开放的管理平台,实现文化引领价值。

2. 文化引导高校学生的思想发展

高校辅导员有着多个教育职位的职业特点,实质是连接高校学生和高校学生之间的纽带,承载着文化教育的重要任务,应着重加强对传统文化思想的引导。特别在思想方面,高校辅导员要注重高校学生独立思想的发展过程,在高校学生思想成熟发展的阶段不断注入文化的要素,提升高校学生的思想活力,从而改善高校学生价值观扭曲、思想懒散、学习态度不端正等问题,以文化创新来带动高校学生成长,以文化自信给高校学生更强大的精神力量。此外,高校辅导员不仅要注重对高校学生生活能力的培养,更要注重其中华民族精神意识的培养,以立德树人为基本,承载着中华民族的伟大复兴。同时,高校辅导员在工作中要注重引导高校学生抵御社会不健康信息的影响,传播中华传统美德,激发高校学生的乡土情感和家国情怀。而以上这些,完全可以基于鲁班文化教育来完成。

3. 丰富高校学生的精神世境界

鲁班文化是传统文化的重要精髓,具有很高的育人价值,这一点,可以充分反映在提升高校学生的精神境界上。丰富高校学生精神境界要以提升传统文化为契机,继承发展中华传统文化。打造属于中华民族高校学生的精神,加强爱国主义思想情感教育,提升高校学生文化理论认知能力,把握文化自信的实质内涵,培养高校学生对新环境的适应能力,启发高校学生自主思考的意识,传播健康的高校文化。举办丰富多彩的与传统文化相关的活动,将传统文化教育融入校园活动,运用文化活动展示的方式来提升高校学生的文化素质;组织课外实践教育,鲁班文化纪念建筑参观活动等教育活动,提升高学生的文化认知水平,增强高校学生的民族自信心以及自豪感;打造传统文化传播平台,在文化信息互动中了解高校学生的需要,增强参与性、趣味性、团结力,高校辅导员要充分运用信息科技,关注相应活动模块即平台信息,利用现代科技技术做好文化育人工作,提升学生的精神境界。

第6章　高校"匠心鲁班"育人的实施建议

高校"匠心鲁班"育人的实施,是鲁班文化融入高校育人体系的全新尝试,是培养"匠心鲁班""青年鲁班"的重要举措。在高校"匠心鲁班"育人的实施过程中,要充分调动有利因素,开辟新的路径,帮助学生成长成才。

6.1 高校"匠心鲁班"育人课程实施的建议

实施高校"匠心鲁班"育人,首先要考虑的是课程育人,因为课程育人是教育的主渠道主阵地,搞好课程育人,也是"匠心鲁班"育人的重要举措。

6.1.1 鲁班"匠心鲁班"育人的课程内容

实施高校"匠心鲁班"育人,从课程上来看,主要需要将鲁班文化的内容梳理,分门别类,进行知识板块的整理,然后作为课程的内容。一般来说,在课程方面,实施高校"匠心鲁班"育人,主要有以下几个方面:第一,鲁班的传说。鲁班文化中有许多传说,具有传奇色彩,因此可以将鲁班文化中的传奇传说作为高校德育课教学中的鲜活案例,植入高校德育课的教学中,通过案例教学的方法激发学生的学习兴趣,帮助学生深化教材内容,提升教学的实效性。第二,鲁班的发明创造。鲁班是中国古代重要的发明家,他的一生发明创造了很多生产器具和生活用品,是中国古代发明创造的集大成者,因此,鲁班的文化中具有很多创新创造的因素,可以将鲁班的发明创造过程和鲁班发明创造的成果,作为案例融入高校德育课教学中,鼓励学生创新创造,为培养创新型人才奠定良好的思想基础。第三,鲁班精神。鲁班精神是鲁班文化的精髓,包含着丰富的内容,是中华传统文化的重要组成部分,体现传统的中国精神,特别是体现了传统工匠精神、创新精神等。将鲁班精神融入高校德育课的相关内容中,可以丰富高校德育课的理论知识体系,让学生更通俗易懂地了解高校德育课的理论知识。

6.1.2 鲁班"匠心鲁班"育人的德育课程

将鲁班文化的内容融入德育课课程,实施课程育人,是实施高校"匠心鲁班"育人开展的重要举措,具有重要的意义。

1. 融入德育课程的意义

第一,鲁班文化融入高校德育课课程,可以丰富高校德育课的内容。目前来看,高校德育课普遍存在着课程内容枯燥乏味等诸多缺点,缺乏鲜活生动的教学内容,这一点在多年的高校德育课教学实践中可以得到验证。将鲁班文化融入高校德育课程中,通过鲁班文化中的鲁班传说故事、鲁班文艺作品、鲁班文化中的优秀工匠榜样、鲜活的鲁班精神,可以极大地丰富高校德育课的教学内容,让高校学生能够更好地理解高校德育课内容的理论知识,将理论知识与实践结合在一起,更好地增强高校德育课的教学实效性。

第二,传承发扬传统文化的精髓。鲁班文化是中华优秀传统文化的重要组成部分、是中华优秀传统文化的瑰宝、是中华传统文化的重要精髓,学习鲁班文化、传承鲁班文化、发扬鲁班文化,也是对中华优秀传统文化的继承与发扬。在课程育人主渠道进行鲁班文化教育,表现出对鲁班文化的重视,增强了鲁班文化教育的可行性和实效性,提升了传统文化教育的实效性。

第三,加强职业文化教育。长期以来职业文化教育一直被忽视,但事实上,职业文化教育是培养高校学生职业素养的重要途径,缺失的职业文化教育,很难培养学生良好的职业素养,也很难使学生真正的成长成才。但在现实操作中,高校德育课却缺乏职业文化教育的具体教育资源,这也是长期制约职业文化教育的重要因素。将鲁班文化融入高校德育课中,可以以鲁班文化为内容、为载体开展职业文化教育，提升高校学生的职业文化素养。

第四，增强学生的文化自信。文化自信对于一个人、一个民族、一个国家至关重要，增强高校学生的文化自信，可以提升高校学生的自尊心、自豪感、归属感、获得感和存在感。由此可见，增强学生的文化自信至关重要，将鲁班文化融入高校德育课中，可以让学生清晰地看到千百年来，我国传统工匠为了提高产品质量而付出的努力、形成的文化；可以真正地认识到具有中国特色的传统鲁班工匠精神，在此基础上可以增强学生的文化自信。

2. 鲁班文化融入德育课程的路径

鲁班文化融入德育课程的路径如下：第一，在预习环节融入鲁班文化。将鲁班文化中的内容作为高校德育课的预习内容，让学生通过预习鲁班文化的内容，对高校德育课的内容有深入的了解和理解，对课堂产生希望和兴趣，提升教学的实效性。第二，作为导入内容。鲁班文化可以作为高校德育课的导入内容，充分利用鲁班文化中的工匠精神因素，做好知识的背景铺垫，通过知识和导入，提升学生的课堂注意力，让学生以更好的状态进行学习。第三，作为案例内容。鲁班文化也可以作为高校德育课的辅助内容，采用案例教学的方法，融入课堂教学中，促进高校德育课教学。第四，作为总结内容。鲁班文化可以作为总结内容，加入高校学生的自主学习中，通过高校学生课后的总结性学习、探索性学习，让学生更加深刻地理解鲁班文化，从而发挥鲁班文化育人的作用。

6.1.3 鲁班文化融入专业课程的建议

鲁班文化同样可以融入专业教育中，通过专业课教学发挥作用，鲁班文化融入专业课程的建议如下。

1. 鲁班文化融入专业课程的意义

鲁班文化融入专业课教学，要充分考虑到鲁班文化作为中华优秀传统文化的价值，融入专业课程的意义如下。

第一,丰富专业课教学的课程内容。很多专业课教学的课程内容是枯燥乏味的,很多学生对于专业课程内容不喜欢、不感兴趣甚至抗拒。将鲁班文化融入专业课程中,为专业课教学提供传统文化元素,可以丰富专业课教学的课程内容,让专业课教学变得有趣生动,更容易被当代高校学生所接受,从而提高专业课教学的教学水平。

第二,丰富专业课教学的育人功能。以往专业课教学指数中,专业知识专业技能的传授,将学生作为工具人来培养,很少关注学生的思想成长、道德养成。因此,高校专业课程的育人功能一直处于缺失状态,将鲁班文化融入专业课程教学中,可以丰富专业课教学的育人功能,在培育学生专业知识专业技能让学生成为高级技能型人才的同时,也赋予了育人灵魂,让学校成了有血有肉的职业人,促进人的全面发展。

第三,激发高校学生的创新创造精神。高校学生不仅要成为应用型的专业人才,还应在所在的专业行业内有所改进、有所创新、有所创造。鲁班是我国历史上著名的发明家,鲁班的创新创造精神启发了和鼓舞了一代又一代的传统工匠。将鲁班文化融入高校专业课教学中,可以让高校学生更好地了解鲁班的创新创造精神,了解鲁班的创新创造方法,了解鲁班的创新创造成就,激发高校学生的创新意识,提供高校学生可借鉴的创新创造方法,进而提高高校学生的创新创造能力,培养创新人才。

第四,培育高校学生的职业精神。职业精神是高校学生在求职择业、职业发展、职业晋升、职业生涯过程中重要的精神因素,是用人单位重要的考核因素,对于专业教育来说,结合专业课教学来培育高校学生的职业精神是非常必要的。将鲁班文化融入高校专业课教学中,可以通过文化的熏陶,有效地培育高校学生的职业精神,让高校学生认识到职业精神的重要性、了解职业精神的内涵,将职业精神的内涵内化为职业精神的内核,提升高校学生的职业精神体验,在未来的求职择业、职业发展中获得较大优势。

2.鲁班文化融入专业课程的路径

鲁班文化融入专业课程,有以下几条路径可供选择。

第一,开办与专业相关的专题讲座。在专业课教学中,可以由专业课教师或者邀请知名专家来开展与鲁班文化相关的、与专业课本身相关的专题讲座。专题讲座要主题鲜明、内容丰富,具有育人价值,符合专业特色,符合学生的心理特点,面向学生的发展。专题讲座的内容要具有实用性、时代性和创新性,要能激发起学生的兴趣,给予学生思考,给予学生熏陶,达到鲁班文化育人的效果。

第二,将鲁班文化作为教学内容或者教学案例融入高校专业课程。由于鲁班文化是职业文化,与职业发展息息相关,与专业课程息息相关,因此,开展课程时,可以以课程思政的方式将鲁班文化的内容融入高校专业课程。在这里,既可以将鲁班文化的内容作为预习内容,强化学生的知识背景,同时,也可以将鲁班文化的内容,作为知识导入的内容,增强学生学习专业课的兴趣,同时也可以把鲁班文化的内容作为案例的内容,对专业内容进行必要的讲解;也可以加入鲁班文化的内容,作为课后自学的内容,让学生进行自主学习、探索学习,通过自我探索,自主学习,接受鲁班文化的教育熏陶。

第三,鲁班文化虽然是中国传统文化,但是与中国传统文化一样,鲁班文化也有着与时俱进的品质。在今天,在社会主义新时代,鲁班文化依然焕发着青春。如今依然有许多行业内的优秀人士、优秀典型行业代表,作为青年鲁班、当代鲁班被人们广为传颂。将鲁班文化融入高校专业课程教学中,同样可以创新模式,邀请行业内的青年鲁班、当代鲁班等优秀典型,走进课堂和高校与学生们深入座谈。让这些优秀典型述说自己对鲁班文化的理解,与同学们进行分享,让同学们通过一个个生动的例子,认识到鲁班文化的重要性,激发同学们学习鲁班文化、热爱鲁班文化继承、发扬鲁班文化,进一步提高学生的职业文化素养。

6.2 高校"匠心鲁班"育人实践实施的建议

理论与实践相结合是我国高校育人的重要原则,鲁班文化育人同样需要突出实践育人的作用,在实践中实现鲁班文化育人。高校"匠心鲁班"育人的实践实施如下。

6.2.1 鲁班"匠心鲁班"育人实践实施的意义

1.还原鲁班文化的本色

将鲁班文化融入高校实践育人工作中,可以还原鲁班文化的本色,鲁班文化源于鲁班以及千百年来中国传统工匠的手工实践,是从实践中产生发展的文化。因此,实践育人是传承、发扬鲁班文化的应有之义,将鲁班文化融入高校实践育人工作中,可以充分地还原鲁班文化的本色,充分地释放鲁班文化的功能,让鲁班文化真正地实现它应有的育人功能。

2.提高学生的动手能力

鲁班文化融入实践育人工作中,可以全面提升学生的动手能力。目前看,高校学生动手能力普遍不强,往往重视理论知识的学习而忽略动手能力的学习,甚至不屑于动手能力,造成高分低能,理论强而实践弱的现象。将鲁班文化融入实践育人中,可以鼓励学生正确认识实践的重要意义,正确认识动手的重要意义,把动手作为成长成才的必要途径,重视动手能力的培养,转变思想观念,做到眼高手不低,成为高级应用型人才。

3.很好地协调师生关系

鲁班文化融入高校实践育人,可以很好地协调高校师生的关系。鲁班文化产生于中国古代,其产生的教育模式是师徒传承的学徒制模式,因此,鲁班文化中有着丰富的师徒关系朴素的描述,这些内容非常有助于高校师生之间协调关系,有助于建设和谐的师生关系生态。鲁班文化融入高校实践育人,可以让学生更好地理解老师这样一个角色,同时也让教师明白,作为教师的责任和义务。在这种情况下,学生更加尊重教师,给教师一个合理的定位,可以从教师身上学到更多的东西,将教师作为专业的榜样。教师也可以把学生当作自己的徒弟,在传授知识技能的同时也对学生进行道德品格的锤炼,发挥实践育人的功能。在这种情况下师生之间有了更多领域的交流,师生之间有了更多的互动,师生关系变得更加融洽。

4.有效地培养职业精神

目前,在高校教育中,职业精神也很难通过课堂教学的形式体现出来,这一点造成我们的学生在职业精神培育方面存在着缺陷,以至于很多用人单位在招聘高校毕业生的时候,明确指出高校毕业生具有缺乏职业精神的缺点。将鲁班文化融入实践育人中,可以通过鲁班文化的熏陶,结合实践更好地培育具有专业特色、行业特色的职业精神,让学生在职业精神的指引下,成为一个合格的职业人,这一点也是鲁班文化融入实践育人的重要价值所在。

5.形成良好的行为习惯

鲁班文化融入实践育人,可以帮助学生在实践中形成良好的行为习惯。目前来看,高校教育由于更加注重知识技能的传授,很少在实践中磨炼学生的行为习惯,这使得学生在实践中有许多不规范的地方,影响了学生职业生涯的发展。在用人单位方面,具有良好行为习惯的毕业生可以较好地适应职场生活,较快地成长为企业需要的人才,这无形中也提升了学生的就业力,为学生就业夯实基础。鲁班文化融入高校实践育人中,可以通过鲁班的传说、鲁班留下的规则、鲁班的发明创造等一系列具有具体内容的教育元素实现。

6.很好地培养创新意识

鲁班文化融入高校实践育人,可以更好地培养学生的创新意识。目前来看,无论是在公共课中还是在专业课中,都特别强调学生创新意识的培养,但是由于课堂教学的局限性,很难在课堂教学中发挥学生的创新能动性,提升学生的创新意识。在实践中,学生通过接触实践,了解实践应用,迸发出灵感的火花,可以借助实践提升创新意识。众所周知,鲁班是我国古代发明的集大成者,可以说是我国古代最著名的一位发明家。他的创新意识、创新精神、创新能力以及发明产品都深深地影响着中国古代的历史进程,因此,将鲁班文化融入实践育人中,提示学生在实践中不断探索、不断创新,既可以提高创新意识,掌握创新方法,提升创新能力,也可以获得创新成果,是高校学生创新能力提升的重要途径。

6.2.2 鲁班"匠心鲁班"育人实践实施的内容

鲁班文化内容丰富,具有很高的教育价值。鲁班文化融入实践育人的内容如下。

1. 工匠精神

工匠精神是一种古今中外都推崇的职业精神,目前,即使在工业化大生产的时代,世界各国也都在提倡工业工匠精神、推崇工匠精神、发扬工匠精神。工匠精神之所以有这样的作用,是因为工匠精神作为职业精神的集中体现,可以促进从业者更好地完成工程或产品,提升自己的能力,规范自己的行为,从而使产业升级做到精益求精。将鲁班文化融入高校实践育人,培养高校学生的工匠精神是重中之重。这里面要强调三点:将鲁班文化融入高校实践育人中,要让学生对自己所处的行业有所敬畏,要以认真的态度对待自己的工作岗位,全身心地投入;第二,鲁班文化融入高校实践育人,要让学生对自己的工程,对自己的产品,专注探索、精益求精、切磋琢磨,要不断挑战困难、攀登高峰、不畏艰险、勇敢面对、获得成果;第三。鲁班文化融入高校实践育人,要让学生抱着诚信友善的精神,对自己的客户负责、对自己的工程负责、对自己的产品负责,从而形成良好的社会声誉。

2. 创新思维

鲁班文化融入高校实践育人,要重视高校学生创新思维的培养,创新思维的培养是鲁班文化教育的重要内容。鲁班本人也是一个极具创新思维创新能力的发明家,他有着很多发明,在中国发明史上留下过浓墨重彩的一笔。因此,鲁班文化自身就带有创新创造的性质,培养高校学生创新思维,也是鲁班文化融入高校实践育人的应有之义。所以,在实践过程中,要鼓励学生树立创新意识、培育创新思维、积极开发自身潜能。在应用中寻找灵感、寻找突破,寻找改进工艺、完善工艺的创新点,同时,进行发明创造,鼓励高校学生以鲁班为榜样,培养创新意识、启迪创新思维、学习创新方法、提升创新能力,成长为创新型人才。

3. 意志锤炼

鲁班文化融入高校实践育人，要重视学生意志品质的培养，这里面主要突出学生三个方面意志品质的培养：第一点是培养学生的专注力。专注力是学生在职业发展中非常重要的能力，在实践教学中，通过鲁班文化的熏陶培养学生端正态度、凝神聚力、保持对工作对事业的专注，培养学生良好的职业素养；第二点，培养学生的持久力。目前，社会风气比较浮躁，很多学生不会像以前，要在一个领域中深耕多年，保持一种持久的能力，很多高校毕业生经常换工作、换专业、换行业，使得自己在工作经验上没有持续的积累，无法实现人生的价值。鲁班文化融入高校实践育人中，要通过实践育人。以鲁班为榜样，培养学生的持久力，帮助学生将自己的青春热情，奉献在自己喜爱的事业上，实现人生的价值；第三，培养学生的受挫能力也就是耐力。在职业发展的过程中难免遇到挫折，这个时候如果气馁，就会前功尽弃、功败垂成。在实践中要鼓励学生百折不挠、迎难而上，在碰到困难的时候像鲁班一样想办法解决，以解决困难为乐趣，提高自己的抗挫折、抗压力能力，成为经得起风浪的人才。

4. 道德修养

鲁班文化融入高校实践育人，要注重培养学生的道德修养。第一，要勤俭节约。鲁班是一个勤俭节约的人，无论施工的成本方面，还是在工程的用料方面，都体现了节约的精神。他节约物品，节约原材料，节约能源，是精简节约的典范，高校学生要学习鲁班的勤俭节约精神，做一个勤俭节约的人。第二，要学习鲁班勤学钻研的品质。鲁班在学艺的过程中，在从事工程的过程中，他的努力学习，刻苦钻研，是他有辉煌成就的重要保证，高校学生要学习鲁班勤学钻研的精神，努力攻关成为专业的人才精英。第三，要学习鲁班的奉献精神。鲁班对人民、对乡亲都有着奉献精神，鲁班的一生是奉献的一生，他用自己的聪明才智发明有效的工具，用自己的努力留下一栋栋美轮美奂的建筑。鲁班把自己的生命奉献给了国家，奉献给了社会，奉献给了人民，高校学生应该学习鲁班的奉献精神，全心全意为人民服务。

6.2.3 鲁班"匠心鲁班"育人实践实施的路径

鲁班文化融入实践育人的路径如下。

1. 专业实训

鲁班文化融入专业实训,帮助学生更好地在实训中发挥鲁班文化实践育人的作用。在专业实训中,专业实训的指导教师要帮助学生做到以下两点:第一点,教师要告诉学生以鲁班为榜样,在实训过程中,体现鲁班精益求精的工匠精神,让学生将所学的知识,有效地应用在实训中;第二点,在专业实训中,指导教师要随时监控学生,指出学生在实训时的问题和错误体现,依据精益求精的原则指导学生,同时,在指导中与学生建立良好的师生关系,进而提升学生的动手能力,也就是实践能力。

2. 专业实习

在专业实习中,更要将鲁班文化融入高校实践育人中,发挥鲁班文化的实践育人作用。专业实习是体现鲁班文化实践育人的重要平台,一般来说,高校学生的专业实习往往去相关的生产单位、生产车间、去生产第一线,接触到的是实际操作。很多高校学生第一次在实习的过程中接触到流水线生产,同时,也能接触到实习单位的师傅。在这种情况下,实习单位的师傅可以带着高校学生从事生产活动,实现实践育人。在专业实习中,要注意两点,第一,要在生产第一线体会到生产的真实体验,要精益求精地注意生产的每个环节,培养自己的工匠精神,同时,对生产线的改造与创新要有思考的精神和意识;第二,要与工厂的师傅形成一个类似学徒制的师徒关系,在工厂师傅的指导下进行实习实践,体会到鲁班文化学徒制的价值,与生产指导师傅形成和谐的师生关系,学到更多的东西,在专业实习中,高校学生往往可以更好地认识、体会到生产工作场景,更好地培育自己的精神。

3. 社会实践

鲁班文化融入高校实践育人中,社会实践也是很好的平台。社会实践一般分为校内社会实践与校外社会实践。对于校内社会实践来说,往往针对鲁班文化的一个问题进行讨论、辩论、知识竞赛等,来深化对鲁班文化的理解。对于校外实践来说,往往本着精益求精、创造创新的精神对社会上的某些问题,特别是生产方面的问题,进行考察与调研。当然,高校学生如果有条件也可以去有鲁班传说的建筑地区进行现场调研,深化对鲁班文化的理解。同时,高校学生也可以以义工的形式奉献社会,体现一种友善精神,将鲁班文化融入社会工作之中。

4. 生活实践

鲁班文化融入高校实践育人中,同样可以体现在具体的生活中。事实上,文化育人具有它的全面性也有其具体性。将鲁班文化融入生活实践中,可以随时随地地实践鲁班文化。比如说,高校学生可以在日常生活中有意识地将鲁班文化融入生活中,保持精益求精的精神、保持创造创新的精神、保持和谐的师生关系、保持勤俭节约的精神、保持刻苦钻研的精神。只要心中有鲁班文化,那么随时随地就可以实践鲁班文化,发挥鲁班文化的教育功能,通过生活的细节锤炼,提升自己的职业精神、修养自己的道德品质、增强自己的创新意识,从而不知不觉地成长为优秀的复合型人才。

6.3 高校"匠心鲁班"育人校园文化实施的建议

鲁班文化也可以融入校园文化,发挥其文化育人的作用。高校"匠心鲁班"育人校园文化实施的建议如下。

6.3.1 高校"匠心鲁班"育人的校园文化实施的意义

高校校园文化是培育鲁班文化的重要载体,对于校园文化来说,其具有强大的推动力和感染力,是隐性教育的重要力量。鲁班文化融入校园文化的意义如下。

第一,可以丰富校园文化的内容。校园文化是高校文化内容的重要组成部分,甚至可以说是高校文化育人的核心部分。但长期以来,高校校园文化建设中始终存在着内容空洞的现象,比如,在校园文化的建设中往往只是贴一些标语口号,或者组织一些程式化的活动,或者开展一些形式上的宣传,这些内容与学生的学习生活专业相去甚远,而且形式也得不到学生的喜欢。所以,长期以来高校校园文化育人并没有取得应有的效果。将鲁班文化融入高校校园文化中,可以极大地丰富校园文化的内容,有以下几个原因:一方面,鲁班文化是中国传统文化,而且是中国传统文化中与大众关系很近的文化,可以说是耳熟能详、妇孺皆知,具有天然的亲和力。将鲁班文化融入高校校园文化中,可以增加校园文化的亲和力和亲切感,让校园文化更贴近学生的学习、生活,更贴近学生所需要的实际,从而对学生的影响产生更大的效果。另一方面,鲁班文化具有清晰的内涵,属于职业文化的范畴,高等教育是专业教育,与鲁班文化具有一定的契合点,将鲁班文化融入高校校园中,可以突出鲁班文化的特点,将鲁班文化与专业文化、行业文化相结合,形成一系列的宣传内容和活动内容,更有利于高校校园文化的开展,使高校校园文化有着明确的内容、有着清晰的指向,使高校校园文化的内容不再空洞,更能吸引学生参加,产生良好的育人效果。同样,鲁班文化中有许多关于鲁班的故事,关于建筑的传说,有许多历史上著名的工匠,有许多流传至今的产品,这些都成为教育文化建设的内容基础,更有利于校园文化建设。

第二,可以传播鲁班文化。鲁班文化有利于校园文化的建设,回过头来,校园文化也有利于鲁班文化的传播。目前来看,将鲁班文化融入校园文化建设中,非常有利于鲁班文化的传播。第一,将鲁班文化融入校园文化中,将鲁班文化作为校园文化的一部分,可以通过校园文化的建设,加强鲁班文化的传播,使鲁班文化更好地被学生所接受;第二,借助于校园文化的载体,通过宣传活动学习等方式将鲁班文化专题化,可以将鲁班文化更好地传播开来,走向学生。这样一来,不仅传播的成本低,速度快,受众广,也有利于学生的心理接受,能够实现更好地传播;第三,将鲁班文化融入校园文化中,可以渗透到校园建设的方方面面,进一步改造成被学生所接受的内容形式,完成鲁班文化内容的课程化、活动化、组织化、管理化,使鲁班文化真正能够成为被学生所接受的思想养分。

6.3.2 高校"匠心鲁班"育人的校园文化实施的路径

鲁班文化融入校园文化,需要明确相应的路径,具体的路径如下。

第一,鲁班文化融入高校校园文化建设,首先要让高校教育者认同鲁班文化,要让高校教育者认识到鲁班文化对于育人的重要性,让教育者有意识、有系统地认识鲁班文化,了解鲁班文化,理解鲁班文化,深入学习鲁班文化,发现鲁班文化的教育价值,挖掘鲁班文化的教育功能,整理鲁班文化的教育素材,将鲁班文化运用于校园文化,让鲁班文化真正成为校园文化的重要的组成部分。

第二,鲁班文化融入高校校园文化建设,要寻找到与校园文化建设的契合点,也就是说鲁班文化融入校园文化建设,要做到有机融入。一方面,鲁班文化融入校园文化的建设中,可以与现有的校园文化建设相契合。比如,现有的校园文化宣传内容,现有的校园文化管理内容,现有的校园文化活动内容等,在春风化雨、润物无声中体现鲁班文化,发挥鲁班文化的隐性教育作用。另一方面,也可以将鲁班文化旗帜鲜明的宣传,组织鲁班文化节、鲁班主题日、鲁班知识竞赛的活动来宣传鲁班文化,在校园内也可以树立鲁班雕像等,来进行鲁班文化的宣传。

第三,鲁班文化融入高校校园文化建设,要让学生作为主体参与进来。鲁班文化是实践的文化、是职业的文化、是学生的文化、是育人的文化。只有学生作为主体参与进来,鲁班文化育人才有作用,才有其效果。所以,无论是宣传还是组织活动,还是进行鲁班文化的传播都要注意,让学生作为主体参与进来,在学生参与的基础上开展各项活动,体现鲁班文化的精髓,树立鲁班文化的价值观,传递鲁班文化的道德修养,明确鲁班文化的规范,将鲁班文化纳入高校学生的成长体系中,最终让高校学生受益,实现鲁班文化的育人功能。

6.4 高校"匠心鲁班"育人网络文化实施的建议

随着信息技术的发展,文化的传播越来越依赖于网络,同时,网络也成为文化育人的重要场域。高校"匠心鲁班"育人的网络文化实施的建议如下。

6.4.1 高校"匠心鲁班"育人的网络文化实施的意义

在网络空间里,鲁班文化同样可以发挥育人的作用。鲁班文化融入网络育人的意义如下。

1. 内容形式更加鲜活

鲁班文化融入网络育人,会使鲁班文化的内容更加鲜活。现代信息技术的发展、互联网技术的发展,使得文化的表现形式更加鲜活、更加多样,鲁班文化通过网络,可以一改传统文化刻板的印象,通过有关的图片、有关的视频、有关的音频等形式,通过鲁班传说、鲁班小戏、鲁班讲述等形式,将鲁班文化的内容表现得更加生动、更加鲜活、更加乐于被学生所接受,从而强化了鲁班文化育人的效果。同时,高校鲁班文化育人也可以利用网络现有的资源,如鲁班的动画片儿、鲁班的网络资料等内容,丰富鲁班文化育人的内容。

2. 内容更容易拓展

鲁班文化融入网络文化育人,使鲁班文化的内容更容易拓展。目前来看,鲁班文化内容的拓展在网络空间有两个途径。第一,鲁班文化自身的拓展,将鲁班文化的相关内容整合,放置到网络空间,通过资源的整合,实现鲁班文化内容内涵的丰富和外延的拓展,这样可以帮助学生进行自主学习和探索式学习。另一方面,将与鲁班内涵相近的其他文明成果和教育资源收集来,作为鲁班文化的教育内容和教育素材放置于网络空间,帮助学生进行拓展阅读、自主学习和探索性学习,这些内容可以包括现代工匠精神、现代师生关系以及现代美德,也可以有大国工匠这样的新时代的新榜样,通过拓展鲁班文化的内容,可以更好地在网络空间形成鲁班文化的教育资源,更好地发挥鲁班文化的育人效果。

3. 内容更容易传播

鲁班文化融入网络育人时,鲁班文化的内容更容易传播,产生更大的影响力,有更大的覆盖面,有更强的实效性,从而获得更好的育人效果。在当今的自媒体时代,文化内容会通过网络快速传播,产生裂变式效应,有更大的覆盖面,产生更大的育人效果,用最短的时间,被更多的人所熟知。鲁班文化的内容通过自媒体,可以产生很好的教育效果,实现大面积传播,所以,鲁班文化融入网络育人,其影响力和效果会大大增加。

6.4.2 高校"匠心鲁班"育人网络文化实施的路径

高校"匠心鲁班"网络育人的路径如下。

第一,将鲁班文化的内容制作成为网络资源,放置于互联网平台,如收集关于鲁班的传说、鲁班精神的解读、鲁班发明的工具、鲁班传说中的建筑等教学资源,放置于学校的互联网网站,供学生自学。再如,收集具有鲁班精神的当代大国工匠,或者青年鲁班,或者当代鲁班,将这些人的感人事迹,与鲁班文化联系在一起,深入解读,放置于互联网网站,作为教育内容。又如,将与鲁班精神、鲁班文化相关的纪录片,如《大国重器》《大国工匠》等纪录片的内容进行剪辑,作为视频课程放置于互联网网站。

第二,充分利用自媒体传播鲁班文化。一方面,收集鲁班文化的内容,编辑鲁班文化的内容,通过自媒体进行网络传播活动,将鲁班文化的精神解读、鲁班文化的传说、鲁班文化的民俗,制作成主题内容在互联网上传播。另一方面,可以邀请专业课老师,基于专业课编辑鲁班文化相关的内容作为专业特色,在自媒体上传播。这样,通过自媒体的传播,鲁班文化的内涵和外延机会被拓展,其传播的速度也会增加,传播的覆盖面也会增加,可以提高鲁班文化的育人效果。此外,还可以转载关于鲁班文化的相关内容,通过自媒体来传播,扩展鲁班文化育人的内容外延和内涵。

第三,鼓励学生利用网络进行自主学习和探索学习。一方面,鼓励学生利用网络寻找鲁班的相关资料,并收集鲁班的相关资料,自选主题,进行讨论辩论或者撰写心得体会,利用实践的方式对鲁班文化进行自主学习和探索学习,加深鲁班文化的体验,更深层次地理解鲁班文化。另一方面,自行通过互联网,观看鲁班的相关资料和相关纪录片,通过互联网影音的形式进行沉淀式学习,体验式学习情境式学习,撰写心得体会,加强鲁班精神,从而增加鲁班精神的育人效果。

通过互联网传播鲁班文化,丰富鲁班文化的内容,可以加深鲁班文化的育人效果,培养当代鲁班、青年鲁班,促进高校学生成长成才。

参考文献

[1]马克思恩格斯选集(第1卷)[M].北京:人民出版社,2011.

[2]马克思恩格斯选集(第4卷)[M].北京:人民出版社,2011.

[3]列宁全集(第38卷)[M].北京:人民出版社,1990.

[4]陈秉公.思想政治教育学原理[M].北京:高等教育出版社,2006.

[5]张耀灿.思想政治教育学前沿[M].北京:人民出版社,2006.

[6]胡厚福.德育学原理[M].北京:北京师范大学出版社,2000.

[7]陈秉公.思想政治教育学原理[M].北京:高等教育出版社,2006.

[8]王立仁.德育价值论[M].北京:中国社会科学出版社,2004.

[9]王殿卿,李春玲.新编大学德育学[M].成都:四川教育出版社,1994.

[10]王玄武.比较德育学[M].武汉:武汉大学出版社,2003.

[11]郭凤志.德育文化论[M].北京:中国社会科学出版社,2008.

[12]董纯才.中国大百科全书·教育卷[M].北京:中国大百科全书出版社,1985.

[13]顾明远.教育大辞典[M].上海:上海教育出版社,1998.

[14]鲁洁,王逢贤.德育新论[M].南京:江苏教育出版社,2000.

[15]曹影,德育职能论[M].北京:中国社会科学出版社,2010.

[16]檀传宝.学校道德教育原理[M].北京:教育科学出版社,2000.

[17]张耀灿,陈万柏.思想政治教育学原理[M].北京:高等教育出版社,2004.

[18]姚周辉.失衡的精神家园:中国民间灵魂、鬼神、命运信仰的研究与批判[M].南宁:广西人民出版社,2002.

[19]董秀团.白族民居[M]昆明:云南大学出版社,2006.

[20]王继英.民间信仰文化探踪.[M].北京:民族出版社,2007.

[21]王新全.中华英杰谱——奇工巨匠[M].延吉:延边大学出版社,2006.

[22]常人春.老北京的民俗行业[M].北京:学苑出版社,2002.

[23]王景琳.中国鬼神文化溯源[M].北京:农村读物出版社,1992.

[24]李德复,陈金安主编.湖北民俗志[M].武汉:湖北人民出版社,2002.

[23]王景琳.中国鬼神文化溯源[M].北京:农村读物出版社,1992.

[26]叶涛,吴存浩.民俗学导论[M].济南:山东教育出版社,2002.

[27]许钰.鲁班传说的产生和发展[J].民间文艺季刊,1986(1).

[28]祁连休.论我国各民族的鲁班传说[J].民族文学研究,1984(2):12.

[29]王明达.白族鲁班传说的民族特点——白族与汉族鲁班传说的比较[J].山茶,1986(1):88-92..

[30]杨红文.成吉思汗子孙的鲁班情结[J].今日民族,2004(9):65-67.

[31]陈玉祥,季学明.古代祭祀鲁班程序考证[C].//曲阜市政协鲁班文化研究促进会,曲阜市政协文史资料委员会编.曲阜文史:鲁班文化研究专辑第十九辑.2007.

[32]赵凤燕,李秀辉.鲁班:匠师之祖——天下巧士[J].新湘评论,2008(4):1.

[33]张忠义.第七届国际墨子鲁班学术研讨会[J].哲学动态,2008(7):20.

[34]许钰.鲁班传说概观[J].民间文学论坛,1985(2).

[35]司徒一凡.津港两地的"鲁班庙"[J].建筑,2008(22):1.

[36]董菊英.蒙古族的"鲁班节"[J].民族工作,1999(5).

[37]孙宗文.木工祖师鲁班[J].建筑工人,2000(5).

[38]田华.鲁班传说研究[D].湘潭:湘潭大学,2003.

[39]张钦楠.鲁班——中国民间匠师(建筑师)的总代表[J].北京规划建设,2008(5):173.

[40]赵世瑜,邓庆平.鲁班会:清至民国初年北京的祭祀组织与行业组织[J].清史研究,2001(1):12.

[41]王存奎,孙先伟.民俗信仰与社会控制[J].民俗研究,2005(4).

[42]李乔.中国行业神崇拜[M].北京:中国华侨出版公司,1990.

[43]习五一.近代北京的行业神崇拜[J].北京联合大学学报(人文社会科学版),2005,3(1):7.

[44]刘守华."木鸟"——一个影响深远的民间科学幻想故事[J].民间文学,1981(5).

[45]傅嘉明,莫娟娟.中国古代名人与行业神[J].阅读与写作,2006(06):2.

[46]傅嘉明,莫娟娟.中国古代名人与早期行业神[J].中学语文,2006(10):2.

[47]关昕.东岳庙的行业祖师信仰[J].华夏文化,2006(1):50-51.

[48]向柏松.传统民间信仰与现代生活[J].中南民族大学学报(人文社会科学版),2003,23(1):56-61.

[49]王钦法,宫爱华.对当前传统民间信仰习俗重生的文化透视[J].民俗研究,1997(2):5.

[50]郭春梅.当代中国社会的传统民间信仰[J].史志学刊,2005(1):42-43.

[51]林继富.神圣的叙事——民间传说与民间信仰互动研究[J].华中师范大学学报(人文社会科学版),2003(6):11-17.

[52]卫才华.民间工艺传说的审美思考[J].山西农业大学学报(社会科学版),2005,4(2):189-191.

[53]王健.近年来民间信仰问题研究的回顾与思考:社会史角度的考察[J].史学月刊,2005(1):123-128.